泉谷閑示

JN157864

仕事なんか生きがいにするな

生きる意味を再び考える

GS

幻冬舎新書

446

はじめに

人間は、生きることに「意味」が感じられないと、生きていけなくなってしまうという特異な性質を持つ、唯一の動物です。

「言葉」という特別なツールを持つようになった人間は、精緻なコミュニケーションが可能になったのみならず、これを用いて「考える」ことができるようになりました。そしてここから「生きる意味を問う」という、最も人間的な行為も生じました。

私たちは今日、少なくとも物質面や衛生面において、そして何より情報化という側面において、様々な欠乏や不具合を解消し、かなり便利で安全な生活を手に入れました。しかしその一方で、この一見豊かになった現代において、「生きる意味」が感じられないと苦悩する人々が、急激に増えてきています。

「温度の高い」悩みから「温度の低い」悩みへ

私がかつて精神科医として扱うことが多かった問題は、例えば「愛情の飢え」「劣等感」「人間不信」といった熱い情念が絡んだ悩み、いわば「温度の高い」悩みが中心でした。しかし最近では、「自分が何をしたいのかわからない」といった「存在意義」や「生きる意味」に関するテーマが持ち込まれることが多く、これを一人密かに苦悩しているような「温度の低い」悩みが主要なものになってきているのです。

しかし、これまでの精神医学や心理学は、おもに「温度の高い」悩みや精神病を扱うことに力点を置いてきたせいか、この種の「温度の低い」問題に対しては、その本質を捉えることができていないように思われます。

例えば、近年激増したいわゆる「新型うつ」に対して、一部の精神科医たちからなされている批判的発言などは、まさしくこのことを象徴している現象ではないかと思います。従来のアプローチでは歯が立たない苛立《いらだ》ちからか、治療者としての無力感が器用に反転されて、「このような病態は精神医学が真正面から扱うに値しない類のものであり、そもそも患者の意志の薄弱さが原因なのだ」といった問題のすり替えが、平然と行われてしまっていますが、これは心理学で有名な「酸っぱいブドウの機制[*1]」という防衛機制によるもので、自身のプライドを守るために対象の価値を切り下げるという歪んだ合理化です。

しかし、困ったことにこのような偏狭な精神論も、ひとたび専門家の肩書で語られてしまうと、これがあたかも学問的に正論であるかのように世間には認知されてしまいます。それによって、そうでなくとも自信を喪失しているクライアントたちは、「新型うつ」への偏見による自責感までをも背負い込むことになって、精神的にさらに追い詰められてしまうことも珍しくありません。

このように、最も人間的な苦悩であるはずの「温度の低い悩み」を扱えないのだとしたら、精神医学も心理学も看板に偽りありという誹《そし》りを免れないでしょうが、このような問題に警鐘を鳴らした専門家がいなかったわけではありません。

ヴィクトール・E・フランクルは、主著『夜と霧』で知られるユダヤ人精神科医ですが、一九七七年に刊行された彼の『生きがい喪失の悩み』は、次のような言葉で始められてい

＊1──ブドウを手に入れようとしたけれど取れなかったキツネが、「あのブドウはどうせ熟れてなくて酸っぱいんだ！」と悔し紛れにつぶやいたというイソップ物語の話に基づいて、フロイトが合理化という心理的防衛機制を説明したもの。「欲しくても手に入らない」対象を、「手に入れるほどの価値のないもの」と認識をすり替えて納得しようとすることを言う。

ます。

どの時代にもそれなりの神経症があり、またどの時代もそれなりの精神療法を必要としています。

事実、私たちは今日ではもはやフロイトの時代におけるように性的な欲求不満と対決しているわけではなくて、実存的な欲求不満と対決しています。また今日の典型的な患者は、もはやアドラーの時代におけるように劣等感にさほど悩んでいるわけではなく、底知れない無意味感に悩んでおり、そしてこれは空虚感と結び合わされているので、私は実存的真空と呼んでいるのであります。

(『生きがい喪失の悩み』より　ヴィクトール・E・フランクル著　中村友太郎訳)

補足すれば、フロイトが問題にした「抑圧」のテーマやアドラーが問題にした「人間関係の悩み」や「劣等感」といったテーマが、現代においてなくなったということではありません。時代の変遷の中で、メインとなるテーマがより実存的なものへと移り変わってきているということを、フランクルは鋭敏に察知し、そのことを指摘しているのです。そして、ここで言われている「実存的な欲求不満」「底知れない無意味感」「空虚感」といったものこそ、まさしく、私が先ほど「温度の低い悩み」と呼んだ悩みそのものなのです。

フランクルは一九〇五年にウィーンに生まれましたが、ユダヤ人であったがためにナチスによって強制収容所に収容され、かの過酷な経験をしました。しかし幸運にも生還した彼は、その経験を深く考察し、のちにこれを『夜と霧』という本に結実させたのです。

この本でフランクルは、人間について、とても重要な真実を述べています。それはつまり、**人間という存在は「生きる意味」を見失うと、精神が衰弱してしまうのみならず生命そのものまでもが衰弱し、ついには死に至ってしまうこともある、ということです。**

彼が目撃したこの人間の真実は、決して強制収容所という限界状況だけで認められる特殊なものではなく、一見平和な暮らしを営んでいる私たちにもそのまま当てはまる普遍的なものです。

フランクルは、この重要な真実をかなり以前に指摘していたわけですが、迂《う》闊《かつ》にも私たちは、この警鐘に耳を傾けず大切な「実存的な問い」をどこかに置き忘れたまま、今日まで来てしまいました。

「ハングリー・モチベーション」の終焉

何らかのハングリーな状況に直面すると、人はどうしても、まずはその解決を図ろうとし、それさえ解決すれば幸せになるのではないかと考えてしまうものです。しかし実際のところは、問題が解決されても喜ぶのはほんのつかの間で、すぐさま別の不足が気になってきて、気付けばまたもやハングリーな状態に陥ってしまいます。

このように、初めは幸せになるための手段だったはずのものが、いつの間にか自己目的化して、出口のない欲望の悪循環が生じてしまいます。経済的安定を求めたり、利便性の向上を目指したりしたことも、このような自己目的化のループによって肥大化した結果、今日のような経済至上主義と情報過多の時代が招来されたのだと言えるでしょう。

ところで、**人類がハングリー・モードで駆け抜けてきたこれまでの時代を「ハングリー・モチベーションの時代」と名付けるとすれば、「実存的な問い」が近年増えてきているのは、この「ハングリー・モチベーションの時代」が、静かに終焉《しゅうえん》に向かいつつある兆候なのではないかと考えられるのです。**

ハングリー・モチベーションで動いていた人間は、極端な言い方をすれば、「虫」などと同じ行動原理で動いていたようなものだと言えるでしょう。つまり、空腹だからと食糧を求めて動き、危険だからと安全なところに逃げ込む、といったことです。もちろん、これは生き物全般の根本をなす行動原理なので、それが間違っているというわけではありません。しかしながら、絶対的な欠乏から解放されたはずの現代人が、なおもハングリー・モードの悪循環に陥り、貪欲に富や成功を追い求め、情報収集に取り憑かれている今日の姿は、俯瞰《ふかん》的に見れば、きっと滑稽な姿であるに違いありません。

しかし、ここにきて若者を中心に「実存的な問い」を抱えたクライアントが増えてきているという現象は、いつの間にか物質的・経済的な満足がある種の飽和点に達してしまい、それはもはや私たちに「生きる意味」を与えることができなくなってきたことを示しているのではないかと考えられるのです。

ところで、かつて実際にハングリーだった時代に人々は、果たして皆一様に「ハングリー・モチベーション」に突き動かされていたのでしょうか。そんな中で「実存的な問い」に苦悩した人はいなかったのでしょうか。

もちろん、日々の糧を得ることに躍起にならざるを得なかった状況下では、多くの人にとって「実存的な問い」など、かなり縁遠いものであったに違いありません。しかしそんな中でも、今日と同様、実存的な苦悩と向き合っていた人も確かに存在していました。それは、困窮した状況から免れていた一部の恵まれた人々のみならず、たとえ生活は困窮していても、果敢に「実存的な問い」と向き合っていた人もいたのです。

生きる意味を問う夏目漱石の「高等遊民」

例えば、かの夏目漱石もその代表的な人物の一人ですが、彼の小説には、漱石自身の実存的な苦悩を体現したような人物がしばしば登場します。

そのような人々は、当時、総称的に「高等遊民」と呼ばれましたが、これは、日露戦争の前あたりから使われ出した言い方で、旧制中学卒業以上の高等教育を受けながらも一定の職に就いていない人を指す言葉でした。彼らは国家の将来を担うべきエリートとして高等教育を施されたにもかかわらず、卒業しても就職口が飽和していて、なかなか定職に就くことができませんでした。これは当時、深刻な社会問題となっていました。

彼らは、高度な学問を修めたことによって、旧来のムラ的共同体の封建的価値観から脱却し、「近代的自我」に目覚めた人々でした。彼らが実存的な苦悩を抱くようになったのも、この「近代的自我」が導いた必然だったと言えるでしょう。ただし、彼らが「近代的自我」に目覚め、知的に高い存在であったがゆえに、体制側から厄介な存在と見なされてもいたようです。つまり、職に就けない「遊民」である不満が元になり、いつなんどき体制に対して反逆を企てないとも限らない存在として、国家側からは恐れられ、危険視されていた面もあったのです。

そうは言っても、この「高等遊民」の問題は、当時の国民全体から見れば、一部の限られた人たちに生じた、あくまで限定的な問題に過ぎなかったと言えるでしょう。しかし現代においては、多くの人が高等教育を経ているにもかかわらず、就労環境はニート、フリーター、ワーキングプアなどの言葉が次々に生み出されるほど、過酷な状況になっています。つまり、現代の「高等遊民」問題は、もはや昔のように限定的なものに留まってはおらず、社会全体にあまねく認められるほど全般的な問題になってきているのです。

毎年、東日本大震災による死者数をはるかに超える自殺者が出続けているという問題や、どこの職場でも激増しているいわゆる「新型うつ病」の問題を考える際、どうしても、経済や雇用の問題などの社会的な不安要素が原因だとする議論が行われることが多いと思われます。しかし、このような考え方は、あくまで「ハングリー・モチベーション」の価値観を前提にした考え方の域を出ておらず、問題の一面しか捉えることができていません。

そこでは「ハングリー・モチベーション」以降の問題、つまり「近代的自我」に目覚めた人間が抱く「実存的な悩み」という重要な側面が、完全に見落とされているのではないかと思われるのです。

「ハングリー・モチベーション」で進むことだけでは済まなくなった現代、つまりこの**「人間ならではのモチベーションが求められる時代」に、私たちはいったいどのような価値観を持って、何を指針に生きていくことができるのか。**この新しく根源的な問題に、現代の「高等遊民」こそは真っ先に直面している存在なのではないかと考えられるのです。

しかし、「生きる意味」を問うことなんて無駄なことだ、といったシニカルな言説がまことしやかにあちこちで流布されていて、「実存的な苦悩」を抱いている人たちは、ますます困惑させられています。このような言説は、かつて一度は「生きる意味」を問うてはみたけれども、結局それをつかみとることができなかった挫折者によって発せられたものとみてまず間違いないでしょう。「実存的な問い」に挫折した彼らのルサンチマン（妬《ねた》み嫉《そね》み）は、問うこと自体を「無駄なこと」と切り捨ててしまいたがるのです。

しかし、諦めない限りにおいて、「実存的な問い」には必ずや出口があるものなので、このようなニヒリスティック（虚無的）な言説に惑わされてはならないと思います。**幸い私は臨床を通じて、「実存的な苦悩」から抜け出て「生きる意味」をつかむことに成功し**

たクライアントの清々しい姿を、数多く目撃してきました。それは、人間が真に人間らしい在り方に生まれ直すとても感動的な瞬間であり、私はこれを「第二の誕生」と呼んでいます。

社会的成功や世間的常識などにとらわれず、俯瞰的にこの世の趨勢《すうせい》や人々の在りようを眺めることができた時、人には必ずや「実存的な問い」が立ち現れてくるものです。この問いに苦悩することは、他の生き物にはない「人間ならでは」の行為であり、そこにこそ、人間らしい精神の働きが現れているのだと言えるでしょう。

本書は、この「実存的な問い」と向き合う時に必ずや立ち現れてくるに違いない様々なテーマについて、先人たちの思想を参照しつつも、あえて真正面から考えてみたものです。そしてそこから、現代人の抱える空虚感の正体や、苦悩から脱するためのヒントも、浮かび上がってくるのではないかと思います。さらに、**私たちがこれから先、いったい何を生きがいにして生きていくことができるだろうか、というテーマについても触れています。**

この本が、道なき道を進む孤独な思索の、何らかの道しるべとなることを願っています。

仕事なんか生きがいにするな／目次

第1章　生きる意味を見失った現代人

「何がしたいのかわからない」という悩み　～「楽になりたい」というささやかな夢～

最近様々なメディアで、若い世代の人たちの「何をしたいのかわからない」「特にやりたいこともない」といった発言を耳にします。さらには、**小・中学生に将来の夢を尋ねても、中には「楽になりたい」「楽に暮らせればそれでいい」といったものもあるようです。**実際、私がクライアントから受ける相談においても、やはりそういった悩みがとても増えてきていることは、間違いありません。

彼らは共通して、「そもそも何が好きで何が嫌いなのか、あまり考えたこともない」と語り、幼少期から親が一方的に用意した習い事や「お受験」に埋め尽くされて、自身の「好き／嫌い」を表明することもできないまま、受動的に育ってきた歴史を持っています。にもかかわらず、いざ進路や職業を選択する時期になってから、周囲から唐突に「何がしたいのか？」「将来のヴィジョンは？」と尋ねられたとしても、彼らには何も浮かぶものはなく、ただただ困惑してしまうのも当然の成り行きでしょう。

人間は、まず「好き／嫌い」を表明することから、自我の表現を始めるものです。ただし「好き／嫌い」といっても、初めから「好き」が出てくるわけではなくて、「嫌い」、つまり「ノー」を表明することから始まるようになっているのです。

ですから、二〜三歳頃の幼児に見られる「イヤイヤ期」というものは、人間の自我の初めての表明なのです。この時期の「イヤイヤ」は、「食べなさい」と言っても「イヤ！」と言い、「じゃあ食べなくていい」と言っても「イヤ！」と言うようなものなので、親の側からすれば実に困った天《あま》の邪鬼《じゃく》なものに思えます。しかし、これにはきちんとした主張があって、それは、「私に指図しないで！」ということです。

自我というものの自然な表明は、まずはこのように他者からの独立性を確保しなければ、始められません。たとえ相手が自分の養育者であるとしても、自分がその植民地状態にあったのでは、決して自由な意思の表明などできない。そこで、「ノー」という反抗を行うことによって、自分というフィールドを確保する独立運動を行っているわけです。

これが人間の自我の基本をなしています。「何がしたい」とか「何が好き」「将来こうなりたい」といった意思表明は、その後でやっと可能になってくる。そういう順番です。

しかし、「あなたのためよ」という名目の下、親の価値観に縛られて「ノー」を許されない状況で生き抜かなければならない子供たちは、主体性を放棄する以外に生き延びる道がありません。つまり、こうして大切な自我の基本であるはずの「好き／嫌い」というものが封印されてしまうことになります。

このように、自我の芽を摘まれて育ってきた彼らにとっては、精一杯のささやかな希望が「もうこれ以上何かを強制されたくない」という願い、つまり「せめて面倒なことは最小限にして、少しでも楽な人生を送りたい」という形になるのは、必然の結果なのです。

「自分がない」という困惑　～現代の「うつ」の根本病理～

親や社会から求められることを受動的に遂行して、人生の意味など考えることもなく、ただ日々をこなして生きていくことは、生きている実感には乏しくとも、ある程度までは可能かもしれません。しかし、人間らしさの中核として私たちの中にある「心」は、いつまでもそれを許したり、我慢を続けてくれるわけではありません。

個人差はあるものの、その人の「我慢」のタンクが一杯になった時、「心」は分かち難くつながっている「身体」と協働して、何がしかのシグナルを発してきます。食欲がなくなる、いろいろな物事に興味が持てなくなる、妙に怒りっぽくなる、睡眠が取りにくくなる、仕事で凡ミスが増える、等々。

それでも本人がこのシグナルを無視して過ごしてしまうと、「心＝身体」側は、いよいよストライキを決行します。ある日突然、朝起きられなくなったり、会社（もしくは学校）に行けなくなったりする。これが、うつ状態の始まりです。

「うつ病」と呼ばれるものは、近年、診断基準の項目に照らし合わせて行うマニュアル診断が主流になったために、一口に「うつ」といっても、ある程度以上「うつ状態」さえ生じていればその内実は問われないため、そこには様々な病態が含まれます。

このようなマニュアル診断が行われるようになる前に、元来「うつ病」と呼ばれていたもの（俗に「古典的うつ病」と呼ばれる）は、しっかりした薬物療法や入院治療が不可欠であるような重症な病態を指していましたが、近年の「うつ病」は、そんなわけで、必ずしも症状やその要因も一様ではありません。

中でも俗に「新型うつ」と呼ばれることの多い病態は、就労や就学には支障が出るけれども、それ以外のことでは問題なく動けることもあり得るので、周囲の人間だけでなく治療者から、あたかも仮病であるかのような不当な扱いを受けることも珍しくありません。

しかし、これは完全に誤った見方であって、丁寧にクライアントの訴える内容を伺っていくと、そこには「古典的うつ病」とはずいぶん違う性質の苦悩と病理が存在していることがわかってきます。

彼らは大概、様々な事情により「自我」の芽を摘まれて育ってきた歴史を持っています。それゆえ、人生を順調に進んでいるように見えても、その内実においては「生きるモチベーション」という動力のない、言わばトロッコのような在り方だったのです。

順調に進んでいた時には、本人自身も周囲も、それが問題であるとは思いもしなかったわけですが、レール上の小石のような障害物によって、あっけなく進めなくなってしまいます。つまり、そもそも他動的に押された慣性で走っていたために、「それぐらいの困難は乗り越えるべきものだ」といくら発破をかけられても、そもそも動力が見当たらないのです。このように動けなくなり「うつ状態」に陥ったクライアントは、そこではたと「生きるモチベーション」の不在に気付くことになります。

このモチベーションの不在は、「自分がない」ことから生じた問題なのですが、その**「自分」に対して唐突に「何がしたいのか」「何がイヤなのか」と問いかけてみても、「自分」は何も答えてはくれません。長い間、「ノー」を禁じられて「自分」の声を聞かずに来たのですから、そのように扱われてきた「自分」の側ももはや主張することを諦めてしまっていて、口をきかなくなっているのです。**

このような背景があって生じた「うつ状態」なので、治療としては、深く丁寧に、実存の水準にまでアプローチをしなければなりません。ですから、こうした病態にいくら薬物療法を行っても、動力のないトロッコに燃料を入れたり燃焼賦活剤を入れたりするようなもので、原理的に効果が出るはずもないのです。

近年主流になっている認知行動療法というものも、あくまで認知や思考の偏りを「頭」のレベルで言い聞かせ、修正を図ろうとするプラグマティック（実利主義的）な手法なので、深い実存のレベルにまで変化を引き起こすことはできませんし、そもそもそのようなことを目的にしていません。

また、復職のためのリワークプログラムも推奨されるようになってきていますが、これも、あくまで休職のブランクからの就労能力や対人スキルのリハビリテーションをすることが目的であって、クライアント自身の実存的な問題の解決には貢献しません。

これらはあくまで、元の環境への「再適応」を目指す方法なので、むしろ、「生きる意味」など問うことのなかった「昔の自分」に戻ることを再訓練しようとするアプローチだと言えるでしょう。

しかしながら、やはり「生きる意味」を問うということは、とても人間的で必然的な魂の希求なのであって、そこにたとえどんなプログラムを課したとしても、人を、それを問わなかった昔の状態に戻すことはできません。もちろん、単に転職すればどうにかなるといったような、簡単な話でもありません。

解決可能な方法はただ一つ、その問いを真正面から受け止めて、本人なりの「意味」を見出せるところまで諦めずに進むサポートをすることだけでしょう。

しかし、**人は「主体性」を奪われた状態のままで、自力で人生に「意味」を見出すことは原理的に難しいものです。まずは、人生の「意味」を求める前に、「意味」を感知できる主体、すなわち「自我」を復活させることから始めなければなりません。**

真のセラピーとは、この困難な作業を適切にガイドし、援助するものでなければなりません。しかしこれは少なくとも、自身が実存の水準で苦悩したり、深い問題意識を持ったりしたことのあるような治療者でなければ、原理的に扱えません。治療者自身が経験していないことを、いくらセラピーとはいえガイドできるはずがないからです。

「役に立つこと」「わかりやすいこと」「面白いこと」への傾斜

先ほど触れた、精神医療における認知行動療法の台頭なども、目に見えて「すぐに役に立つこと」を至上の価値と考えてしまう、現代の病理が象徴的に表れたものだと言えると思います。

世の中のテンポがせわしいものになり、**私たちはついつい「役に立つか立たないか」を性急に求めて、近視眼的に、目に見えてすぐ役立つものに傾倒してしまいます。**それは例えば、大企業のCEO（最高経営責任者）などが、その限られた在任期間中に、長期的にはマイナスな方法であっても、短期的に増収が見込める経営をしてしまうことに似ています。

もちろん企業経営でもそれは困った問題なのですが、人間というものに対してインスタントな変化や成果を求めることは、なおのこと大きな問題を生み出してしまいます。

もし人間存在が、あたかも生産マシーンのように捉えられ、その成果によってのみ価値付けられてしまうのだとしたら、人間の精神は奥行きのないものになり、魂の抜けたロボットのごとき存在に成り下がってしまうことでしょう。そのように精神が皮相化されてしまうとすれば、人は「主体性」を持つことができず、「意味」を問う余裕すらなく、日々デューティに追われ、人並みの人生を追いかけることにのみ汲々とするようになるでしょう。

そんな中でも子供たちは、その曇りのない感性で、親や教師をはじめとする大人たちが、空虚な生を送っていることを敏感に感じ取っています。大人たちから「将来のために」という大義名分で勉学やお稽古事などをするよう求められたとしても、「それをやったところで、結局はあんな人生を送ることになるのか」と心の底では幻滅を感じてしまっているので、説得力はありません。

また、現代の市場経済の中で「すぐに役に立つこと」とは、すなわち「売れること」に直結してしまっています。そして「売れること」を追求するとなれば、「わかりやすい」「簡単」「役に立つ」「面白い」といったアピールポイントが求められることになるでしょう。需給バランスによって価値が決定される市場経済において、これはどうにも避け難いことです。

しかしその結果、本来は奥行きのある「質」を追求すべきものまでが、離乳食化したり、陳腐化するような事態があちらこちらではびこっているのは、大きな問題ではないかと思います。

例えば、テレビをつければ、地上波はお笑い芸人が束になって出演するバラエティ番組が激増し、その内容も、じっくり企画されたものよりは芸人たちの反射神経的な即興に委ねたものが多く、BS放送はと言えば、放送枠を持て余しているかのごとく、健康関連商品や便利グッズを割安で販売するテレビショッピングなどで埋め尽くされています。これらの現象からも、時間をかけた丁寧な企画を練り上げにくくなっている制作側の事情が、透けて見えるように感じられます。

書店に行っても、並んでいるのは「簡単」「わかりやすい」を売りにした種々のハウツー本か、エキセントリックなタイトルだけれど内容の希薄な本がほとんどになってしまいました。これも、発売後の短期間にいかにたくさん売れるかが勝負とされる「単行本の週刊誌化」が著しい実情によるものでしょう。いずれにしても、視聴率や販売部数をインスタントに追い求めた結果生じた現象です。

しかし、このような「質」の低下の問題について制作側の人たちに問いかけてみても、返ってくる反応は大概、「どんなキッカケでもいいから、まずは観てもらえなければ始まらない」「まずは書店で手に取ってもらえなければ始まらない」といった類のものです。

もちろん、そういった要素を無視できない事情があることは理解できますが、市場経済の性質におもねって不本意な妥協を強いられるうちに、送り手側は当初の志をどこかに置き忘れてしまい、「方便の自己目的化」という深い罠《わな》にはまってしまったのではないかと思われるのです。

このようなメディアの離乳食化・陳腐化は、親しみやすくすることで文化的啓蒙《けいもう》を行っているという一定の意義はあるものの、一方において、奥行きのある良質なものを探し求めている人々には、深い幻滅を感じさせてしまっていることもまた確かです。今日のテレビ離れや本離れといった現象の背景に、このような「質」的問題が潜んでいることを見落としてはならないでしょう。

しかし送り手側はしばしば、この現象からあべこべな結論を引き出して、逆方向にアクセルを踏んでしまっているようにも見受けられます。つまり、「わかりやすさ」「面白さ」「親しみやすさ」がまだまだ足りないのではないかと思い込み、さらに内容が希薄なものを量産してしまうという悪循環に陥ってしまっているのです。

それでも最近になって、バラエティ番組などの枠組みの中にも、「教養」的要素が少しずつ取り入れられたり、学問的好奇心に応えようとする番組も登場し始めました。そして、見応えのある番組が放送されるや否や、それに関連した書籍がよく売れたりすることもあり、これも、人々がこれまでいかに「質」に飢えていたかを表している現象だと思います。

つまり「質」への飢えは、もはやごく一部の内省的な人たちだけが感じるような限定的な問題ではなく、私たち全体が感じるレベルにまで来ているのではないかと思うのです。

消費社会が生み出す「受動的人間」

アメリカで活躍した精神分析家エーリッヒ・フロムが、最晩年の一九七一年に故国ドイツで行ったラジオ講演に「受動的人間」というものがあります。その中でフロムはこのようなことを述べています。

　落ち込んだ人間は、自分が何かからっぽになったように感じる。まるで手足が萎えたかのように、活動するのに何かが欠けているかのように、身体を動かすはずの何かが足りないためにうまく動くことができないかのように感じる。そこで、何かを摂取すると、からっぽだとか、萎えたとか、弱ったとかいう感じはしばらく消えて、自分はやっぱり人間だ、確かに何かを持っているし、無ではないと知覚する。人は自分の内の空虚を追い払うために物を詰め込む。これが受動的な人間なのである。彼は自分がちっぽけだという不安を持ち、その不安を忘れようとして消費し、消費人《ホモ・コンスーメンス》となる。

〈中略〉

　刺激に対する単なる反作用としての〈能動〉、あるいは外観は情熱のようでも実は外力に動かされている〈能動〉は、いかに大げさな身振りをしても、基本的には受動である。

（『人生と愛』「私たちの社会の過剰と倦怠」より　エーリッヒ・フロム著　佐野哲郎・佐野五郎訳）

ここでフロムは「受動的な人間」という言葉を用いていますが、これは通常の「受動」の用い方とは決定的に異なっています。つまり、**外見上いかに「能動」に見える活動的な行為であっても、それが内面的空虚さを紛らすために消費社会によって生み出された、外から注入された欲求で動いているものは、その内実は「受動」でしかないのだ**、と言っているのです。

消費社会が私たちの空虚さにつけ入って生み出す「受動」の形態には、様々なものがあります。例えば、よく知られているものとしては、アルコール依存、薬物依存、ギャンブル依存などの依存症がありますが、必ずしもそういうものだけが問題なのではありません。

物を次々に手に入れないと気が済まない。何か物足りないので、空腹でもないのに食べ物を詰め込む。休日を「有意義に過ごした」と思いたいので、出来合いのレジャーや娯楽に時間を使う。スケジュールに空白ができるのがイヤなので、用事を隙間なく詰め込む。通勤時間といえども時間を無駄にしたくないので、経済新聞を読んで経済情勢についてキャッチアップするか、語学学習にあててスキルアップを図る。独りぼっちの感覚に陥らないように、LINEやツイッター、メールなどのネットツールで常に誰かとつながっていようとする。家にいる間は、観ていなくても、とにかくずっとテレビをつけておく。暇を潰すためにゲームやネットサーフィンをダラダラとしてしまう、等々。

　これらはどれも、私たちが内面的な「空虚」との直面を避けるために、ついつい行ってしまう「受動」的行動です。現代人の「空虚」は、「空白」「無駄」「無音」といったものによって実感させられやすいので、これを避けるために様々なツールが生み出され、人々はそれに群がります。

「社交的にいろんな人たちと交流する」「日々を有意義に過ごす」「自分が成長するように時間を大切に使う」といった学校レベルでは大いに奨励されそうな行動も、「空虚」からの逃避がその隠された動機なのだとすれば、これもやはり「受動」の一種に過ぎないと言えるでしょう。

　このように**「受動」的であることになじんでしまった私たちは、自らの内面と静かに向き合うことが、いつの間にかすっかり苦手になってしまいました。**大正時代に森田正馬が発案した森田療法[*2]においては、その初めに、誰とも交流せず、気を紛らすことも一切禁止され、ただひたすら自分自身と向き合う「絶対臥褥期《ぜったいがじょくき》」という一週間のプロセスがありますが、これは「受動」的現代人にとっては、かなり苦痛を伴う困難なものに感じられることでしょう。近年、「絶食療法」のようなものが一部の人たちの間で評判になっているのも、身体的な洗い直しだけでなく、「絶対臥褥期」のような精神的な見直しの必要をどこかで感じ始める人が出てきた兆候なのかもしれません。

人間が「受動」的な状態に陥ってしまうと、「空虚」「空白」を埋めてくれるもの、つまり「役に立つこと」「わかりやすいこと」「面白いこと」を渇望するようになるわけですが、しかしこれは、内面的な「空虚」から目をそらすための「代理満足」に過ぎないので、そこには必ずや「質」的な不満足が生じてきてしまいます。代理のものでは、やはり「心」が本当に求めているものとは違うので、真の満足には至らないのです。

この「質」的な不満足に対してわれわれの「頭」は、代わりにこれを「量」的にカバーしようとあがきます。その結果、際限なく「量」だけが増大していってしまうことになるのですが、これが「依存症」の本質的なカラクリなのです。

つまり、「受動」的になってしまった現代人は、代理満足のために提供された物質や行為に誘惑されやすいだけでなく、それらに耽溺《たんでき》して「依存症」的な状態にまで陥りやすくなってもいるわけです。

本物はどこに？

現代の私たちが安易な「代理満足」に耽溺させられるようになった背景には、歴史的な事情も大きく絡んでいるのではないかと考えられます。

物質的に豊かになったことや高度に情報化が進んだことも大きな一つの要因ではありますが、これとは別に、二十世紀後半のある種の風潮への反動として、二十一世紀の「質」的な堕落が引き起こされたのではないかということも考えられるのです。

二十世紀後半には、「現代思想」「現代音楽」「現代美術」「現代演劇」「現代文学」「現代建築」等々の進歩主義的な風潮がありました。しかし、こういったものがもたらしたある種の副作用、つまりその後の時代にもたらした反動として、今日の「質」的堕落が生じたのではないかということです。

＊2——森田正馬が、様々な「とらわれ」で神経症的状態に陥っている患者を、「あるがまま」というとらわれのない状態に抜けることを目指した治療法で、仏教的精神がその治療観の根本に採り入れられている。

二十世紀に急速に科学技術等が発達したことによって、そのダイナミックな進歩に酔いしれ、人間は理性の力に行き過ぎた信頼と自信を持つようになりました。そしてそこから、「目新しいもの」や「よくわからないもの」こそが優れたものであるかのように思い込む、かなり安易な幻想が世の中にはびこってしまったように思われます。

「現代思想」においては、その言説が難解であればあるほど、何か深遠な真実があるのではないかと有難がられる傾向が顕著でした。

例えば精神分析学のジャンルでは、フランスのジャック・ラカンの思想などが一世を風《ふう》靡《び》しました。輸入物をやみくもに有難がる日本人的心性とその難解さとが相まって信者が増え、日本語として破綻しているようなひどい訳書も数多く出回っていましたが、元々が難解なので、あまり問題視されなかったようです。学会でも、ラカン派の発表が行われる会場には、カルト宗教の集まりのごとき狂信的な雰囲気が充満していて、「わかりにくさ」を競い合うかのような議論が熱く交わされていました。彼の理論をなお一層難解にしていたのは、途中に登場する高等数学のような数式でしたが、近年、これがひどいデタラメであったことが数学者によって暴かれてしまったというオチもついています。

「現代音楽」というジャンルでも、調性をいかに破壊するか、いかに美しい音の並びを避けるかという「発明」に作曲家たちは躍起になり、楽器の奏法も「特殊奏法」という触れ込みで、いかに美しくない音を出すかの工夫に余念がありませんでした。ピアノの内部の弦を引っかいてみたり、ピアノ線にボルトや消しゴムを挟んで妙な音を出したり、ピアノに一切触れずに四分三十三秒座っていて、「この時間に耳にした雑音が音楽なのです」というコンセプトの作品まで登場しました。

せっかく音楽に魅了され、音大に入学した作曲家志望の学生も、「美しい音はご法度」という暗黙の縛りの中で、「誰でもこうすれば無調の曲が書ける」という調性破壊のための方法論を学ばされ、いかに聴衆の度肝を抜くかという「発明」に専念させられたのです。

ある現代音楽の作曲家は「私は来るべき未来の知性のために書いているのだ」と豪語し、また別のある作曲家は死期が近づいた病床で「本当はバッハのような美しい曲が書きたかった」と後悔し涙したといいます。これはまるで、落語の枕に使われて有名な、蕎麦をつゆにあまりつけないで食べてきた蕎麦通の江戸っ子が、最期に「たった一度でいいから、蕎麦を思いっきりつゆにつけて食べたかった」と言い残したという話にそっくりな逸話です。

「現代美術」においても似たような状況が展開されていました。いかにして目新しい方法論を「発明」するかが勝負であって、さしずめ特許競争のごとき様相を呈していました。例えば、便器をそのまま出品して、「これは、レディーメイド（既製品）というコンセプトなのだ」と表明すれば、もう彼は「レディーメイド」の第一人者なのです。これは「コンセプチュアルアート」というもので、コンセプトという能書きがないと成立しないという、実に奇妙な美術だったのです。

「現代建築」も、住み心地を犠牲にしてまでも、目新しいデザインや斬新なコンセプトが重要視される傾向が見られ、いかに居住者が「寒かった」と訴えたとしても、「いや、これは自然と共生するというコンセプトの建築なのだから」とでも言っておけばよかったのです。

このように、**「裸の王様」を「裸だ！」と叫んではならない独特の風潮が、二十世紀後半の「現代〇〇」には蔓延《まんえん》していました。もし「裸だ！」とでも叫ぼうものなら、「お前は、この作品のすごさがわからないのか？」と嘲笑される危険に満ち満ちていたのです。**

人は、真に知的であればあるほど、わからないものに対してたかをくくったりせず、じっくり時間をかけてその真贋《しんがん》を見極めるという謙虚さを備えているものですが、「現代〇〇」の中には、狡猾《こうかつ》にも、そこに見事につけ込んだものも少なくなかったのです。

もちろん、「現代〇〇」すべてがまったく無意味だった、と言っているのではありません。この流れは、それまで当たり前のこととされていた前提そのものを一から問い直してみるという、意義深い懐疑精神がその根本にあったことは間違いありません。無批判に既存の前提に甘んじて進んでいくことへの重要な問いかけや異議申し立てが、そこにはあったのです。また、それまでの文脈ではたどり着けなかった新たな美や真実を発見したいという目標もあった。実際、それを達成することができた素晴らしい作品も、確かに数多く存在しています。

しかし、何事につけても、その運動が次第に本質から離れて、いつの間にか手段に過ぎなかったことが目的そのものに転じてしまうという「手段の自己目的化」の罠が待ち受けているもので、これら「現代○○」も、まさにそこに陥ってしまったと言わざるを得ない側面があるのです。

二十世紀後半に活躍した作家のミヒャエル・エンデは、「芸術界の天才志望者への助言」という皮肉たっぷりのエッセイを残しています。

もし君が現代の文化界で、できるだけ早く名を売り、市場価値を得たいなら、何よりも次の三つの規則を大切にするんだよ。

その一　メディア社会に生きているという事実に、いつも留意すること。だから、芸術のどの分野で天才として仕事をするかを決める前に、君のアウトフィットを考えるんだ――それも、じっくり考えるんだ！　そのアウトフィットを君は何年ものあいだ、それも、日夜着ていなければならないかもしれない。それは君の商標《ブランド》となり、今日のように一風変わったものが市場にあふれている時には絶対に必要なんだ。〈中略〉ところで、そのさいにいつも大切なのは、君のアウトフィットがどこか、〝嫌な感じ〟を与えることだ。感じいい、なんてとんでもない！　この〝嫌な感じ〟で、君がなかなかの人物だと知れるんだ。〈中略〉

その二　芸術や文化理論的な意思表明に、ちょっとは労力を投じなきゃいけない。そのとき注意がいるのは、君がやることより、その根拠の方が重要だということだ。世間で議論できるのはそれだけなんだからね。君の〝ステートメント〟は短く、あつかいやすくあるべきだ。テレビやラジオの文化番組で、応答が三分間でできるようにね。それでも、平均的教養市民のレベルをちょっと越えるようにできてなきゃだめだよ。君が話すことを教養市民が理解すればするほど、君は侮《あなど》られるのだからね。だから、あまりわかりやすく話すのはよしたほうがいい。君のボキャブラリーは聴衆や話

し相手が小さくなるようなのがいいけど、同時に〝進歩的〟とか〝批判的〟といった概念を思い起こさせるべきでもある。〈中略〉

その三　残念ながらまったく〝作品〟なしというわけにはいかない。君が創造したものが芸術市場で値を出すんだから、そのためだけでもなにか作品が必要なんだが、この点は一番心配いらない。〈中略〉君のやぶれたパンツにはじまって、君の故障した冷蔵庫や、君の足の爪にいたるまでそうだからね。

（『エンデのメモ箱』「芸術界の天才志望者への助言」より　ミヒャエル・エンデ著　田村都志夫訳）

ところで、この裸の王様のような「現代〇〇」たちは、今世紀に入ってからめっきりと旗色が悪くなって、徐々に見聞きすることも少なくなってきました。

「裸の王様」を賞賛してひとかどの人間であるかのようなポーズをとることも、世界が経済的に余裕をなくしていく状況の中で、徐々に時代遅れなものとなり、衰退し始めているのです。そしてそれとともに、「現代〇〇」への反動が世の中に一気に広がりました。これこそが、「わかりやすいもの」「面白いもの」「役に立つもの」への過度の傾斜が生じた背景にあったのではないかと考えられるのです。

しかし、反動形成というものは、いつも反対の極に振れてしまいがちです。「難解なもの」を有難がっていたところから、一気に、「すぐに簡単にわかるもの」以外は受け付けないような今日の風潮が生じ、多少なりとも咀嚼《そしゃく》力が必要とされるものは、たとえそれが良質なものであっても、受け入れられなくなってしまったのです。

このように**「難解なもの」の極から「わかりやすいもの」の極へのダイナミックな逆振れが起こったわけですが、本質的には、「質」が置き去りにされてしまっているという問題自体は、何ら変わっていません。**

つまり、「難解か／わかりやすいか」ということは、あくまで「量」的側面の比較対象を得意とする「頭」が判定する次元のものであって、大切な「本物か／偽物か」という「質」の判断は、私たちの動物的な直感を担う「心＝身体」によって行われるものです。難解な「現代〇〇」の中にも「本物」と呼べるものもありましたし、現代の「わかりやすい」ものの中に「偽物」が含まれてしまっていることもあるでしょう。つまり、「難解か／わかりやすいか」という「頭」の次元で物事を判断することが、事を過《あやま》たせてしまうのです。

「つまらない素人」の時代

そしてもう一つ、「頭」で判断してしまう傾向の人々が陥りやすい罠があります。作品や演奏そのものではなく、そこに付随してくる二次的な情報に惑わされて、判断が甘くなるということです。

例えば、コンクールで優勝した人だから……といった来歴や、売れているから、テレビによく出ている人だから……といった知名度による判断などは、作品やパフォーマンスそのものへの判断を大きく狂わせる要因の一つです。

特に、コンクールなどで評価されたものは、専門家が高く評価したのだからきっと素晴らしいに違いない、と思われる方も少なくないでしょうが、これがはなはだ信用のならないものであることを、私たちは知っておかなければなりません。

夏目漱石の「素人と黒人《くろうと》」というエッセイには、「黒人（玄人）」つまり専門家の判断に惑わされてはならない、ということがきっぱりと述べられています。

良寛上人は嫌いなもののうちに詩人の詩と書家の書を平生から数えていた。詩人の詩、書家の書といえば、本職という意味から見て、これほど立派なものはないはずである。それを嫌う上人の見地は、黒人の臭をにくむ純粋でナイーヴな素人の品格から出ている。心の純なるところ、気の精なるあたり、そこにすれからしにならない素人の尊さが潜んでいる。腹の空しいくせに腕で掻き廻している悪辣がない。器用のようでそのじつはおとならしい稚気に充ちた厭味がない。だから素人は拙を隠す技巧を有しないだけでも黒人よりましだといわなければならない。自己には真面目に表現の要求があるということが、芸術の本体を構成する第一の資格である。〈中略〉

素人はもとより部分的の研究なり観察に欠けている。その代り大きな輪廓に対しての第一印象は、この輪廓のなかで金魚のようにあぶあぶ浮いている黒人よりは鮮やかに把捉できる。黒人のように細かい鋭さは得られないかも知れないが、ある芸術全体を一眼《ひとめ》に握る力において、糜爛《びらん》した黒人の眸よりもたしかに潑溂としている。富士山の全体は富士を離れた時にのみはっきりと眺められるのである。

（『私の個人主義ほか』「素人と黒人」より　夏目漱石著）

前項で触れた「現代〇〇」が世界を席巻《せっけん》した現象も、「黒人」たちが大局を見失って、頭でっかちな先鋭化に暴走してしまったことによるものでした。しかし、真に良質なものは、たとえ素人であってもわかるはずのものだ、いや、むしろ素人の方が妙な先入観がない分、判断が曇らないだろうということを漱石は言っているのです。

ただし、ここで漱石の言う「素人」とは、「心」の純粋な感性が自由に働いている人のことであって、いくら素人であっても、その人が、「わかる／わからない」「知っている／知らない」という「頭」レベルで安易に判定を下したり、二次的情報に左右されてしまうような場合には、その判断はまったく信用できないものとなります。漱石はこれを「つまらない素人」と呼び、「つまらない素人になれば局部も輪廓もめちゃめちゃで解らないのだから、そんな人々は自分の論ずる限りではないのである」と断じています。

「つまらない素人」とは、未知の優れた価値に目を開こうとしない閉じた精神の持ち主か、マスメディアに容易に煽られてしまうような人のことですが、これはムラ社会に典型的な人間像です。

彼らは、自分の慣れ親しんだ範疇《はんちゅう》を超えたものに対しては、その偏狭な価値観で「下らない！」と即断し、未知のものや歯が立たないものに自身が脅かされないように、それらの価値の切り下げを行う困った頑固さと、既存の権威や情報操作にあっけなく盲従してしまうという困った柔軟性を併せ持っています。

ちなみに最近では、この「つまらない素人」たちも、「難しいもの」の旗色が悪いという世間の風潮に見事に乗っかって、「いやあ、私なんかにはとても難しくて……」という一見謙虚ともとれる表現をとりつつ対象の価値の切り下げを行うという、かなり巧妙な言い方をすることが増えているようです。

かつて「現代○○」によって深く植え付けられた「難解なもの」への不信が、反動として「わかりやすいもの」への過度な傾斜を生んだことはすでに述べましたが、別の言い方をすれば、「黒人」への信頼が失墜したことによって、逆に「素人」が活気付いたのだ、ということになるでしょう。

そのこと自体は、ある意味において歓迎すべきことだったと思われますが、これが皮肉にも「つまらない素人」たちに間違った自信を付与することにもなってしまいました。そこに浅薄なマーケティング原理も加わって、ただ「わかりやすい」「面白おかしい」だけの空疎なものが量産される結果となってしまった。そして、「つまらない素人」の偏狭な意見が世の中を席巻することになったのです。

そのような事情によって、現代に生きる私たちは「本物」にめぐり合うことが困難な環境に置かれてしまっているのですが、そんな中で私たちが「虚しさ」「つまらなさ」を感じてしまうのは、むしろ、至極真っ当なことだと言えるかもしれません。

「満ち足りた空虚さ」とは ～実存的欲求不満～

四十日間の断食で空腹だったキリストは、サタンによって「その石をパンに変えてみたらどうだ？」と誘惑されます。しかし、キリストは「人はパンのみにて生くるにあらず」と言ってこれをはねつけました。

一方、六年にわたって断食の修行をしていた仏陀は、これではただ心身が衰弱するだけで一向に悟りなど開けそうにもないと思い、村娘のスジャータから供されたミルク粥を食べることにしました。するとそのおかげもあって、仏陀はそれから間もなく悟りを得ることができました。

このように、同じ空腹状態でもキリストと仏陀とで、真逆の行動をとった逸話が残っているのはとても興味深いことです。

しかし、そもそも仏陀はある小国の王子だったけれども、外の世界が飢えや「生老病死」の苦しみに満ちていることを知って、それまでの何不自由ない裕福な生活と家族を捨て、修行の旅に出る決意をしたという経緯があります。その意味では、仏陀もやはり「人はパンのみにて生くるにあらず」という思いが、宗教者としての出発点であったのだと言うことができるでしょう。

人間は、それでもやはり動物の一種であるのですから、飢えの問題を真っ先に解決しようとします。しかし、それがある程度満たされた時、人は、次に安全の欲求、所属の欲求、承認の欲求などに向かっていき、最後には高次の欲求である自己実現の欲求に向かいます。

これは、マズローという心理学者が唱えた「欲求段階説」の考え方ですが、フランクルはこれに対して、必ずしもそのような順番になっているわけではないと、指摘しています。

ご存知のように、マズローは低次の欲求と高次の欲求とを区別して、低次の欲求を充足することは、そのものでだけ高次の欲求が充足され得る条件である、と言いました。彼は高次の欲求のうちに、意味への意志をも算《かぞ》え入れ、そしてそれを「人間の原初的な動機づけ」とみなすところにまでも進んでいます。たしかに、このことは、人間が生きる意味を要求するようになるのは、彼の生活がうまくいっている場合にかぎる〔「衣食足りて礼節を知る」〕ということになります。しかしながら、これには、私たち――そしてとりわけ精神科医である私たち――には、最も具合が悪い場合にこそ欲求や生きる意味への問いが燃え上がるのを繰り返し観察する機会があるということが対立しているのです。私たちの患者たちの中の死にかけている人々はこのことを、強制収容所や捕虜収容所の生き残った人々と同様に、証明することができるのであります！

（『生きがい喪失の悩み』より　ヴィクトール・E・フランクル著　中村友太郎訳）

ややわかりにくいので整理しますと、マズローが「高次の欲求」として「意味への意志（生きる意味を求めるということ）」というフランクルの唱えた概念を重視してくれたのは有難いが、しかし、人は「低次の欲求」が満たされて初めて「高次の欲求」に向かうものだというマズローの考えには賛同できないとフランクルは言っているのです。フランクルは、精神科医としても強制収容所経験者としても、それは事実とは異なると主張します。つまり、**人はたとえ「低次の欲求」が満たされていないような極限状態にあっても、むしろそれだからこそ「高次の欲求」である「意味への意志」を激しく求めるものなのだ、と言っているのです。**

私はこの議論について、単純にどちらの主張が正しいのかと二者択一で考えるよりも、どちらにも、人間というものの真実が述べられていると考えるのが妥当だと思います。

マズローの言うような「低次から高次へ」という段階を経て初めて、人生の意味について考え始めることになる人々が少なくないことは事実ですし、一方、「低次の欲求」が満たされていないにもかかわらず「生きる意味を問う」ことを最優先に求める人がいることもまた真実であることを、私も数多く目撃してきているからです。

ですから、正確に言えば、欲求の段階を順次踏んだ後に「意味への意志」に目覚める人もあれば、「低次の欲求」が満足されない状況でも「意味への意志」を求める人もある、ということになるでしょう。これは、その人が生来どの程度の内省力を有しているのかによって、分かれるのではないかと思います。

この問題は、次のように考えてみれば、かなり整理がつくのではないでしょうか。

人は、「低次の欲求を満たすこと」にのみ意識が向かっているような状態では、それを満たすことがあたかも「生きる意味」であるかのように錯覚してしまうために、この段階では「意味への意志」は発動されない。しかし、人は、それが「満たされる可能性がない」という真に行き詰まった状態に陥った時、あるいは「もう満たされている」ので、あえてそこに意識を向ける必要がなくなったような時に、初めて自身の「生き死に」、つまり「自分の生が限りあるものであること」が視野に入ってくる。そして、そこから必然的に「なぜ生きるのか」という実存的な問いが析出してくるのではないか、ということです。

「中年期の危機」の若年齢化

分析心理学を提唱したユングは、人間の精神的危機が訪れやすい三つの時期として、青年期の危機、中年期の危機、老年期の危機というものを挙げました。

青年期の危機は、人が社会的存在となっていこうとする出発点での様々な苦悩、つまり、職業選択や家庭を持とうとすることなど「社会的自己実現」の悩みを指すものですが、中年期の危機の方は、ある程度社会的存在としての役割を果たし、人生の後半に移りゆく地点で湧き上がってくる静かで深い問い、すなわち、**「私は果たして私らしく生きてきただろうか?」「これまでの延長線上でこれからの人生を進んでいくのは何か違うのではないか?」「私が生きることのミッション(天命)は何なのか?」**といった、社会的存在を超えた一個の人間存在としての「実存的な問い」に向き合う苦悩のことです。青年期には重要に思えた「社会的」とか「自己」といったものが、必ずしも真の幸せにはつながらない「執着」の一種に過ぎなかったことを知り、一人の人間として「生きる意味」を問い始めるのです。

通常この「中年期の危機」は、文字通り中年期である四十代後半から六十代前半辺りにかけて起こってくるものですが、近年では、この種の苦悩が二十代辺りにまで若年化してきているのではないかという印象があります。中には稀に、十代後半からという早熟なケースにお目にかかることもあります。

さて、このような「中年期の危機」の若年化は、なぜ起こったのでしょうか。一つには、「社会的自己実現」の空疎化ということがあるのではないかと、私は考えています。

現代の若い世代の人々は、情報化が進んだことによって、大人たちが表面上演じている「社会的自己」すなわち「役割的自己」について、その舞台裏の空疎な実態を、かなり早い段階から知ることができる環境にあります。そのために、昔の世代のように楽観的で希望に満ちた将来像を描いたり、夢に向かって無邪気に進むことができにくくなっているのではないかと思われます。それゆえ、物質的困窮の有無にかかわらず、ハングリー・モチベーションを原動力にしてひたむきに「社会的自己実現」を目指すような生き方自体が、もはや時代錯誤な昔話のごとく響くようになってしまったのです。

これにより、現代の若い世代は「青年期の危機」が言わばスキップされることになって、一足飛びに「中年期の危機」と同質の苦悩に直面しているのではないかと考えられるのです。つまり、将来どんな仕事に就くべきかといった「社会的自己実現」について苦悩することよりも、もう一つ深い層の「生きることの意味を求める」という実存的な飢えの方が、若い世代にとってはむしろ切実な問題になってきているわけです。

もちろん今日の若者たちも、ある年齢になれば進路や就職の問題に思い悩むのは昔と変わらないのですが、しかしそこで悩んでいる内容は、以前とはかなり質の異なるものに変わってきているようです。

従来は「なりたいものになれるかどうか」「就きたい仕事に就けるか」という内容が多かったのですが、近年では「何がしたいのかわからない」「できれば面倒なことはしたくはないが、やらなければならないとしたら何をするか」「なぜ働かなければならないのか」といったものに変化してきているのです。

このように「なぜ働かなければならないのか」という問いを突きつけられた時に、ハングリー・モチベーションの価値観で生きてきた大人たちは、その場はどうにか取り繕うにしても、正直なところ、答えに窮してしまうことが多いでしょう。なぜなら、自身がそのような疑問を一度も抱いたことがないからです。

こんな場面でハングリー・モチベーションで生きてきた大人が口にするのは、しばしば「メシが食えなければ始まらないだろう」「贅沢病《ぜいたく》だ」「働かざるもの食うべからず」「人間として働くのが当たり前だろう」等々の、恫喝《どうかつ》もどきのセリフだったりします。しかしこれは、「なぜ働かなければならないのか」という問いに対する答えになっていないのみならず、ハングリー・モチベーションで生きてきた人間の「思考停止」を露呈してしまうことになり、まったく説得力を持ちません。

このような価値観の完全なるすれ違いが、親子間をはじめとして、学校や職場など、あちらこちらで展開されているのが現代の実情なのではないでしょうか。私も臨床において「言葉が通じない」というクライアントの嘆きをよく耳にしますが、それもこのような価値観の相違が原因になっていることがほとんどなのです。

現代人の「心の飢え」とは

このように、現代という時代は、長らく続いてきたハングリー・モチベーションの残滓《ざんし》と「満ち足りた空虚さ」の混在する、混乱した状況の中にあると言えるでしょう。そんな今の時代に、人々の感じる「飢え」とは、いったいどのようなものなのでしょうか。

かつて、大学や専門学校などで精神医学や心理学の講義をした際に、私は必ず「愛と欲望について」といったテーマを採り上げるようにしていました。なぜなら、「人間とは何か」ということを考察するために、これは決して外せない重要なテーマだと思うからです。

これについては、同僚から「ここの学生には、それはかなり哲学的で応用編の内容なので、難しいと受け取られるかもしれませんね」と心配されたりもしましたが、予想に反して、学生たちの反応は実に生き生きとしたものでした。

テーマがテーマですから、その内容が哲学的な話に発展することもありましたが、普段は仕方なしに聞いているといった風の学生までもが、このテーマには真剣に耳を傾けていたのです。そして私は、彼らがこのような実存的なテーマを真正面から扱ってくれる大人に、とても「飢えて」いたのだと感じました。

現代の学校の多くは、いつの間にか「学問」ではなく、社会の「役に立つ」人間を養成するために「役に立つ」勉強を教え込むことを主たる使命と考えるようになり、実存的なテーマを扱う余裕を失ってしまったのかもしれません。しかし学生たちの中には、意識的にせよ無意識的にせよ、それでも「こういうことについて知りたかったのだ」「考えたかったのだ」という欲求が、熱く潜んでいたのです。

これは、若い学生に限った話ではありません。一般の方々を対象とする講演会や講座においても、このようなテーマの話を求められることが増えてきましたし、そこでは常に、熱心な問いかけが飛び交っています。

教育機関も、書籍やマスメディアも、先に述べたような諸事情によって、すぐに「役に立つもの」や「面白おかしいもの」「親しみやすいもの」に傾斜してしまっているので、現代人の多くが、真正面から実存的な問題を考えるような「噛みごたえのあるもの」に、潜在的な「飢え」を強烈に抱いているように、私には思われてなりません。

最近では、何度か「引きこもり」や「自殺」に関する講演をする機会がありましたが、そこでは「人はなぜ生きるのか」「働くとはどういうことなのか」「人生の意味とは何か」などのテーマを扱うことが求められました。受講者の方たちはワラにもすがる思いで、それぞれが抱える「実存的な問い」のヒントを求め、集まってきていました。私は、その熱気から、彼らの「飢え」が彼ら自身の存在をかけた並々ならぬものであることを、改めて実感させられたのです。

そこで次章では、「生きることの意味」を考える上で、どうしても避けて通れない問題として立ちはだかってくる「働く」ということについて考えてみようと思います。

特に、この「働く」というテーマは、ともすれば一足飛びに「どう働くか」とか「何の仕事をするか」という話になってしまうことが多いのですが、しかしその前に、**「働くとは何か」という根本的な問いを、一度きちんと考えておく必要があると思うのです。**

意味もわからぬままにやみくもに働いたりするのでは、まさにフロムの言った「受動的人間」に堕することになるでしょうし、それでは「消費人」としてただ空虚感を紛らわすような日々を過ごすことになってしまうでしょう。

「実存的な問い」は、ともすれば「形而上的《けいじじょう》」と揶揄《やゆ》されるような、雲をつかむような抽象論に陥ってしまう危険もあるのですが、しかし、やはり「働くこと」そのものについて考える作業は、私たちの「実存」を、現世的で現実的な地平にしっかりと結びつける、大切な意味があるのです。

第2章

現代の「高等遊民」は何と闘っているのか

夏目漱石の『それから』における〝父の説教〟

老人は今こんな事を云っている。――

「そう人間は自分だけを考えるべきではない。世の中もある。国家もある。少しは人の為に何かしなくっては心持のわるいものだ。御前だって、そう、ぶらぶらしていて心持の好い筈はなかろう。〈中略〉」

「そうです」と代助は答えている。親爺から説法されるたんびに、代助は返答に窮するから好加減な事を云う習慣になっている。代助に云わせると、親爺の考えは、万事中途半端に、或物を独り勝手に断定してから出立《しゅったつ》するんだから、毫《ごう》も根本的の意義を有していない。しかのみならず、今利他本位でやってるかと思うと、何時《いつ》の間にか利己本位に変っている。言葉だけは滾々《こんこん》として、勿体《もったい》らしく出るが、要するに端倪《たんげい》すべからざる空談である。それを基礎から打ち崩して懸かるのは大変な難事業だし、又必《ひっ》竟《きょう》出来ない相談だから、始めよりなるべく触らない様にしている。

（『それから』より　夏目漱石著）

これは、夏目漱石の小説『それから』の主人公代助が、父親から毎度おなじみの「何か仕事でもしろ」という類の説教をされている場面で、代助が心中何を思いながらそれを聞いているのかが、かなり詳しく描かれています。

代助は、漱石の小説に登場するいわゆる「高等遊民」の代表的人物です。彼は、父親が世のため人のために何かすべきだ、と説教してくることが、一見、利他的な生き方を奨励しているように思えるが、その実は、利己的なハングリー・モチベーションに過ぎないことを見抜いており、そこにかなり批判的な視線を向けています。

しかし代助は、それをあえて父親にぶつけるようなことはせず、適当に受け流し、「なるべく触らない様にしている」のです。このように、価値観の決定的なズレに対して、直接対決よりも諦念をもって処するようなところも、「高等遊民」らしい特徴が見事に描かれていると思います。

「三十になって遊民として、のらくらしているのは、如何《いか》にも不体裁だな」

代助は決してのらくらしているとは思わない。ただ職業の為に汚されない内容の多い時間を有する、上等人種と自分を考えているだけである。親爺がこんな事を云うたびに、実は気の毒になる。親爺の幼稚な頭脳には、かく有意義に月日を利用しつつある結果が、自己の思想情操の上に、結晶して吹き出しているのが、全く映らないのである。

（同前）

父親のさらなる説教を受けて、代助はこのように心中でつぶやきます。彼は父親を、不遜とも言えるほどに見下してしまっているわけですが、しかしここには、一抹の真実もあるように思われます。

父親が説教の最後に持ち出してきた理由は、結局のところ「不体裁」という世間体の問題です。代助が「働くこと」で自らの何かが汚されてしまうと考えて躊躇《ちゅうちょ》していることから比べれば、父親の価値観は、あまりに皮相的で世俗的なものに過ぎません。かなりの価値観の相違があることが、ここに露呈しています。よって、代助が父親について「幼稚な頭脳」と思ってしまうのも、無理からぬところがあるのです。

代助はその後、旧友の平岡と再会し、そこでも「働くこと」についての議論が交わされます。

「君は金に不自由しないから不可《いけ》ない。生活に困らないから、働らく気にならないんだ。要するに坊ちゃんだから、品の好い様なことばっかり云っていて、——」

代助は少々平岡が小憎らしくなったので、突然中途で相手を遮《さえ》ぎった。

「働らくのも可《い》いが、働らくなら、生活以上の働《はたらき》でなくっちゃ名誉にならない。あらゆる神聖な労力は、みんな麺麭《パン》を離れている」

〈中略〉

「つまり食う為めの職業は、誠実にゃ出来悪《にく》いと云う意味さ」

「僕の考えとはまるで反対だね。食う為めだから、猛烈に働らく気になるんだろう」

「猛烈には働らけるかも知れないが誠実には働らき悪いよ。食う為の働らきと云うと、つまり食うのと、働らくのと何方《どっち》が目的だと思う」

「無論食う方さ」

「それ見給え。食う方が目的で働らく方が方便なら、食い易《やす》い様に、働らき方を合せて行くのが当然だろう。そうすりゃ、何を働らいたって、又どう働らいたって、構わない、只麺麭が得られれば好《い》いと云う事に帰着してしまうじゃないか。労力の内容も方向も乃至《ないし》順序も悉く他《た》から制肘《せいちゅう》される以上は、その労力は堕落の労力だ」

（同前）

ここでは、ハングリー・モチベーションを真正面から主張する平岡に対して、代助は「働くこと」に関する自説をとうとうと述べています。「食う方が目的で働らく方が方便なら」そのような仕事は決して誠実なものではないだろう、というのが彼の主張です。つまり、代助にとって働くこととは、「麺麭《パン》を得るため」のものではないのです。先に紹介した「人はパンのみにて生くるにあらず」と言ったキリストと同様、ハングリー・モチベーションで働くようなことは精神の堕落であり不純である、と代助は考えているわけです。

「働くこと」は何のためか

代助は「働くこと」を「食う為」の方便と捉えることに拒否感を示していたわけですが、イギリスの哲学者バートランド・ラッセルも、『怠惰への讃歌』という本の中で似たようなことを述べています。

> ……現代人は、何事も何か外《ほか》の目的のためになすべきで、それ自体のためになすべきでないと考えている。〈中略〉大きくいえば、金銭を儲けることは善事で、金銭を費やすことは悪事だとされている。だが金を儲けるのもつかうのも共に一つの取引の両面であると悟ると、こういういい方は間違いである。鍵はいいが、鍵穴は悪いともいえるだろう。
>
> （『怠惰への讃歌』より　バートランド・ラッセル著　堀秀彦・柿村峻訳）

まさに『それから』の代助が反発していたのは、このように「働くこと」を「食う為」という他の目的の方便として捉える不純さだったのです。裏返して言えば、代助は**「働くこと」が、それ自体を目的とした純粋な行為であってほしかったのです。**

この問題をさらに深く考えてみるために、ユダヤ人としてナチスの迫害も経験した哲学者ハンナ・アレントの考えを参照してみましょう。

アレントは、一九五八年に発表した『人間の条件』という著作の中で、人間の活動全般を「活動的生活 vita activa」と呼び、これを三つに分けて考えました。それは、「労働

labor」と「仕事work」と「活動action」の三つです。

この三つの活動力とそれに対応する諸条件は、すべて人間存在の最も一般的な条件である生と死、出生と可死性に深く結びついている。労働は、個体の生存のみならず、種の生命をも保障する。仕事とその生産物である人間の工作物は、死すべき生命の空しさと人間的時間のはかない性格に一定の永続性と耐久性を与える。活動は、それが政治体を創設し維持することができる限りは、記憶の条件、つまり、歴史の条件を作り出す。

（『人間の条件』より　ハンナ・アレント著　志水速雄訳）

つまり「労働」とは、人間が動物の一種として生命や生活の維持のために、必要に迫られて行うような作業を指しています。そこで生み出される産物は、消費される性質のもので、永続性を持たないのが特徴です。一方「仕事」とは、人間ならではの永続性のある何か、例えば道具や作品のようなものを生み出す行為を指し、「活動」とは、社会や歴史を形成するような政治的働きかけや芸術などの表現行為のことを言っています。

しかしアレントは、ギリシヤ時代には、これらのどれよりも大切なこととして、本来は「**観照生活 vita contemplativa**」というものが位置付けられていたと述べています。

この「**観照」とは、現代の言い方では内省や瞑想《めいそう》といった言葉が近いかもしれませんが、自然や宇宙の真理を感じ取るべく、静かにそれと向き合うことを指しています。**ギリシヤ人によって、動的《かつ》な「活動的生活」も思考することも、それらすべてはこの静的《かつ》な「観照生活」に向かうべきもので、これこそが究極の人間らしい在り方とされていたのです。

さてアレントは次に、ギリシヤ時代には「労働」というものが、ポリスに暮らす人々からは軽蔑されていた、ということに触れます。

……労働に対する軽蔑は、もともと、必然〔必要〕から自由になるための猛烈な努力から生まれたものであり、痕跡も、記念碑も、記憶に値する偉大な作品も、なにも残さないような骨折り仕事にはとても堪えられないという労働にたいする嫌悪感から生まれたものである。

〈中略〉

……労働することは必然〔必要〕によって奴隷化されることであり、この奴隷化は人間生活の条件に固有のものであった。人間は生命の必要物によって支配されている。だからこそ、必然〔必要〕に屈服せざるをえなかった奴隷を支配することによってのみ自由を得ることができたのであった。奴隷への転落は運命の一撃によるものであったが、その運命は死よりも悪かった。なぜなら、それとともに人間は何か家畜に似たものに変貌するからである。

（同前）

ギリシャの人々は、生きる必要に迫られて「労働」に束縛されてしまうことは、家畜のように動物的なレベルに留まるものだと考えました。よって「労働」は、人間らしい「仕事」や「活動」、ひいては「観照生活」を妨げるものであると考え、「労働」を任せるための奴隷を必要としたと言うのです。

しかし一方で、アレントは「労働」というものが、人間が生き物として得られる「至福と喜び」の源泉であるとも言います。

……したがって、労働の労苦と努力を完全に取り除くことは、ただ生物学的生命からその最も自然な快楽を奪うことになるだけでなく、特殊に人間的な生活からその活力と生命力そのものをも奪うことになる。苦痛と努力は、生命そのものを別に損なうことなしに取り去ることのできる単なる症候ではない。これが人間の条件なのである。つまり、苦痛と努力は、むしろ、生命そのものが、生命を拘束している必要とともに、自らを感じとる様式である。だから死すべき人間にとって、「神々の安楽な生活」は、むしろ生なき生活であろう。

〈中略〉

……富者の生活では活力が失われ、自然の「よき物」にたいする密接な関係が失われる一方、逆に、世界の美しいものに対する洗練された感受性が得られる。このことはこれまでにもしばしば認められてきた。事実を言えば、世界における人間の生命力は、一方で、生命そのものの過程を超越して、そこから遠ざかろうとする能力を常に含んでいる。ところが他方、活力と生命力は、人間が進んで生命の労苦と困難という重荷を自ら背負う限りでのみ保持できるのである。

（同前）

このように人間には、「労働」というものを軽蔑すべきものとして、なるべく避けようとする傾向と、逆に「労働」によって生命の喜びが得られる傾向とがあり、この両者を併せ持つややこしいところがあるのです。

「労働」というものが抱えるこのジレンマは、人間というものが、動物でもあり、かつ他の動物と決定的に異なり、文化を生み出し文化を必要とする存在であるという、互いに相容れない二面性を併せ持つことから来ているのだと考えられます。

「仕事」の凋落

アレントは、人間らしい作品や製品を残すような「仕事」というものは、「世界」を作るものであるとも述べています。

彼女の言う「世界」とは、かなり独特な意味を負っているのですが、人間が人間ならではの生活ができるような、ある程度の耐久性を持った道具や物などによって構成される文明や、人間らしい意味が感じられるような文化などを広く指したものです。

しかし、近代以降、この「世界」を作るような「仕事」の地位は凋落《ちょうらく》してしまいます。

……なぜなら、産業革命は、すべての仕事を労働に置き代えたからである。その結果、近代の世界の物は、使用される仕事の産物ではなく、消費されるのが当然の運命であるような労働の産物となった。元来、仕事が作り出した道具や器具が、常に労働過程で用いられるようになった。これと入れ代わって、労働過程にこそふさわしい労働の分業が、近代では、使用対象物を製作し生産する仕事の過程の主要な特徴となっている。かつてはすべての仕事人に要求されていた厳しい専門化に取って代わったのは、機械化の増大というより、むしろ労働の分業である。〈中略〉しかし、これにつけ加えていうと、大量生産というものは、仕事人を労働者に代え、専門化を労働の分業に置き代えることなしには、まったく不可能である。

（同前）

このように、産業革命以来始まった大量生産というものは、人間の熟練や専門化によってなされていた「仕事」というものを、バラバラな断片に分業化された「労働」というものに貶《おとし》めてしまったのです。さらにつけ加えて言えば、現代の分業化による「労働」では、本来「労働」で得られていたはずの生命の「至福と喜び」が得られないどころか、むしろ虚無感や徒労感を生み出すものになってしまっていることも深刻な問題だと言えるでしょう。

このように分業化された「労働」によって生産された製品は、もはや「仕事」が生み出したような、長く大切に使う作品ではなくなり、どんどん消費することが求められる単なる消費財になってしまいました。アレントは、そんな現代の「消費者社会」の中で、唯一生き残っている「仕事」と呼べるものは芸術くらいのものであろう、と述べています。

> ……つまり、〈労働する動物〉の余暇時間は、消費以外には使用されず、時間があまればあまるほど、その食欲は貪欲となり、渇望的になるのである。
> （同前）

いつの間にか人々は、人間らしい「観照生活」を失ったのみならず、人間らしい「仕事」も失って〈労働する動物〉に成り下がり、歯車のような「労働」によって次々に消費財を生み出しては、取り憑かれたようにこれを消費するという、人間らしからぬ状態に陥ってしまったのです。

アレントはこの現代の状況を、次のように嘆きます。

近代は伝統をすっかり転倒させた。すなわち、近代は、活動と観照の伝統的順位ばかりか、〈活動的生活〉内部の伝統的ヒエラルキーさえ転倒させ、あらゆる価値の源泉として労働を賛美し、かつては〈理性的動物〉が占めていた地位に〈労働する動物〉を引き上げたのである。（同前）

つまり、私たちの現代とは、決してギリシヤ時代よりも進歩したのではなく、皆が〈労働する動物〉という名の奴隷以下の存在に成り下がってしまい、人間らしい「観照」も「仕事」も見失ってしまった時代なのです。

そんな本末転倒の時代にあって、**少しでも人間らしい在り方を求める者は、『それから』の代助のように「食う為」だけの〈労働する動物〉に成り下がることを潔《いさぎよ》しとせず、「観照生活」を求めて「高等遊民」という浮遊した在り方を選ばざるを得ないということもあり得るわけです。**

なぜ「労働」が賛美されるようになったのか

アレントはさらに、なぜ「仕事」の地位が低下し、古くは軽蔑されていたはずの「労働」というものが賛美されるようになったのかということについて、こうも述べています。

労働が最も蔑まれた最低の地位から、人間のすべての活動力の中で最も評価されるものとして最高の地位に突然見事に上昇したのは、ロックが、労働はすべての財産の源泉であるということを発見したときに端を発している。その後、アダム・スミスが労働は全ての富の源泉であると主張したときにも、労働評価の上昇は続き、マルクスの「労働のシステム」において頂点に達した。ここでは、労働はすべての生産性の源泉となり、人間のほかならぬ人間性そのものの表現となったのである。

（同前）

ここでは、ジョン・ロック、アダム・スミス、カール・マルクスらによって磨き上げられていった「労働価値説」、つまり、「労働が価値を生み、商品価値を決めるものだ」という考え方が槍玉《やりだま》に挙げられています。そしてアレントは、「彼らが仕事と労働を同一視したために、本来仕事だけが持っているいくつかの能力が労働に与えられた」、とこれに批判を加えます。

つまり、**消費され消耗してしまうような「労働」の生産物と、ある程度の永続性を持っていて「世界」を作り出すような人間的な「仕事」の質的な違いを、彼ら「労働価値説」論者たちが見落としてしまったことが、大きな問題であると言っているのです。**

さて、これとはまったく違う視点で、「労働」が賛美されるに至った理由を考察した人物がいます。ドイツの社会学者マックス・ヴェーバーです。

彼が一九〇四年に発表した『プロテスタンティズムの倫理と資本主義の精神』という論考は、利潤追求を旨とする資本主義の精神が、何とも逆説的なことに、最も禁欲的精神を求めていたはずのプロテスタントの宗教観から生じたものだという、かなりセンセーショナルな内容のものでした。

まずヴェーバーは、アメリカ合衆国建国の父の一人と評されるベンジャミン・フランクリンの言葉を「資本主義の精神」の典型として紹介します。

「時間は貨幣だということを忘れてはいけない。〈中略〉

信用は貨幣だということを忘れてはいけない。〈中略〉
貨幣は繁殖し子を生むものだということを忘れてはいけない。〈中略〉
支払いのよい者は他人の財布にも力をもつことができる——そういう諺があることを忘れてはいけない。〈中略〉
信用に影響を及ぼすことは、どんなに些細なおこないでも注意しなければいけない」

（『プロテスタンティズムの倫理と資本主義の精神』より　マックス・ヴェーバー著　大塚久雄訳）

そして、ヴェーバーはここに「資本主義の精神のエートスEthos」が現れていると述べます。エートスとは、人々の生活習慣や心理的態度、倫理的姿勢といったものを総合的に指した言葉で、人々の社会心理的な傾向を言っていると考えてよいでしょう。

……なぜなら、貨幣の獲得を人間に義務づけられた自己目的、すなわちBeruf（天職）とみるような見解が、他のどの時代の道徳感覚にも背反するものだということは、ほとんど証明を要しないからだ。〈中略〉また、たとえばフィレンツェのアントニヌス（Antoninus）に見るように、教会の教理がさらに現実に順応するにいたった場合でさえ、営利を自己目的とする行為は根本的にはpudendum（恥ずべきこと）であり、現存の社会秩序がただ止むなくそれを寛容しているにすぎないという感覚は決して消失してはいなかった。

（同前）

フランクリンの言葉に代表されるような奇妙な「資本主義の精神のエートス」というものは、このように、かつては軽蔑されていた営利行為で卑俗な拝金主義と思われていたものですが、いったいどんなわけで、今日のように賛美されるまでになったのでしょうか。

「天職」という概念のトリック

ヴェーバーは、これが宗教改革の際にマルティン・ルッターが聖書翻訳で登場させた「天職 Beruf」という概念から始まったのではないかと考えます。

……すなわち、世俗的職業の内部における義務の遂行を、およそ道徳的実践のもちうる最高の内容として重要視したことがそれだ。これこそが、その必然の結果として、世俗的日常労働に宗教的意義を認める思想を生み、そうした意味での天職（Beruf）という概念を最初に作り出したのだった。〈中略〉修道士的禁欲を世俗内的道徳よりも高く考えたりするのでなく、神によろこばれる生活を営むための手段はただ一つ、各人の生活上の地位から生じる世俗内的義務の遂行であって、これこそが神から与えられた「召命」》Beruf《にほかならぬ、と考えるというものだった。

（同前）

つまり、カトリックにおいては修道院内での禁欲的生活が最高の道徳的な在り方とされていたところを、ルッターは「世俗内禁欲」として、世俗内で「天職」を遂行することこそが最も神の意思に沿う道徳的な行いである、としたのです。

ヴェーバーはこの「天職」という概念が、その後カルヴァン派から派生したピュウリタニズムにおいてより先鋭化していったことを論じ、その代表的信徒であったバックスターの主著の内容に触れます。

それゆえ、バックスターの主著には、肉体的にせよ精神的にせよ、厳しく絶え間ない労働への教えが繰りかえし、時には激情的なまでに、一貫して説かれている。

〈中略〉

ところで、労働はそれ以上のものだ。いや端的に、何にもまして、神の定めたまうた生活の自己目的なのだ。「働こうとしないものは食べることもしてはならない」というパウロの命題は無条件に、また、誰にでもあてはまる。労働意欲がないことは恩恵の地位を喪失した徴候なのだ。

〈中略〉

……財産のある者も労働せずに食ってはならない。なぜなら、自分の必要を充たすために労働することはないとしても、貧者と同様に従わねばならぬ神の誡命が存在するからなのだ。けだし、神の摂理によってだれにも差別なく天職である一つの職業(calling)がそなえられていて、人々はそれを見わけて、それにおいて働かねばならぬ。

(同前)

キリスト教国でない国に暮らす私たちにとっても、もはやすっかりおなじみになっているあの「働かざるもの食うべからず」という言葉は、こんなところに起源を持っていたとは、何とも驚くべきことです。資本主義というものが私たちに及ぼした影響は、決して経済システムに留まるものではなく、このようにキリスト教的倫理観までをも含むものであったわけです。わが国には、**資本主義が輸入されたと同時に、知らず知らずのうちに、「労働」に禁欲的に従事すべしという「資本主義の精神のエートス」までもが輸入されていたのです。**

さて、このようにして形成されていった資本主義の精神は、アメリカに渡ってさらに質的に変貌していきます。

> ……営利のもっとも自由な地域であるアメリカ合衆国では、営利活動は宗教的・倫理的な意味を取り去られていて、今では純粋な競争の感情に結びつく傾向があり、その結果、スポーツの性格をおびることさえ稀ではない。〈中略〉それはそれとして、こうした文化発展の最後に現われる「末人たち」》letzte Menschen《にとっては、次の言葉が真理となるのではなかろうか。「精神のない専門人、心情のない享楽人。この無《ニヒツ》のものは、人間性のかつて達したことのない段階にまですでに登りつめた、と自

惚れるだろう」と。

（同前）

このように、アメリカにおいて、資本主義の精神はもはや「世俗内禁欲」などという宗教的・倫理的意味合いも失われ、スポーツのごとき単なるマネーゲームに変貌していったわけです。私たちがグローバル経済と呼んでいるものの正体は、このようなものなのです。

ここで出てくる「末人」というのは、ニーチェの『ツァラトゥストラ』に登場する言葉で、「超人」の対極にある卑小な人間を指す蔑称です。ヴェーバーは、資本主義の果てに出現する人間の姿を「末人たち」と名指し、資本主義の行く末に警鐘を鳴らしました。

「精神のない専門人、心情のない享楽人」とは、アレント流に言えば、まさに「労働する動物」のことであり、人間らしい「世界」を形成できずに「労働」によって生み出された消費財を消費することによってしか時間を埋めることができずにいる、「受動」的な現代人の姿そのものなのです。

かなしいかな。やがてその時は来るだろう。人間がもはやどんな星をも産み出さなくなる時が、かなしいかな。最も軽蔑すべき人間の時代が来るだろう、もはや自分自身を軽蔑することのできない人間の時代が来るだろう。

見よ。わたしはあなたがたにそういう末人を示そう。

〈中略〉

「われわれは幸福を発明した」――末人はそう言って、まばたきする。

〈中略〉

かれらもやはり働く。というのは働くことは慰みになるからだ。しかしその慰みが身をそこねることがないように気をつける。

かれらはもう貧しくなることも、富むこともない。両者ともに煩しすぎるのだ。もうだれも統治しようとしない。服従しようとしない。両者ともに煩しすぎるのだ。

〈中略〉

「われわれは幸福を発明した」――そう末人たちは言う。そしてまばたきする。――


（『ツァラトゥストラ』第一部「ツァラトゥストラの序説」より　ニーチェ著　手塚富雄訳）

怠ける権利

マルクスの娘婿のポール・ラファルグという社会主義者が著した『怠ける権利』という、一風変わった過激な書があります。これは一八八〇年に発表されたもので、時代としては先んじていますが、ここまで見てきたアレントやヴェーバーの問題提起を、さらに徹底したような内容になっています。

資本主義文明が支配する国々の労働者階級は、いまや一種奇妙な狂気にとりつかれている。その狂気のもたらす個人的、社会的悲惨が、ここ二世紀来、あわれな人類を苦しめつづけてきた。その狂気とは、労働への愛、すなわち各人およびその子孫の活力を枯渇に追いこむ労働に対する命がけの情熱である。こうした精神の錯誤を食い止めることはおろか、司祭も、経済学者も、道徳家たちも、労働を最高に神聖なものとして祭り上げてきた。浅はかな人間の身で、自分たちの〈神〉よりも賢くなったつもりでいるのだ。

（『怠ける権利』「怠ける権利一　災いの教義」より　ポール・ラファルグ著　田淵晉也訳）

この書は、フランスの二月革命で労働者が掲げた要求「労働の権利」への反駁《はんばく》のために書かれたもので、一般的に私たちが社会主義というものについてイメージする内容とはずいぶんかけ離れたものになっています。つまり、「労働」というものの価値を基盤に置いて考え「労働の権利」や「労働者の権利」を求めたりするのではなく、何と驚くべきことに**「怠ける権利」**を求めている内容なのです。

ラファルグは、プラトンやクセノフォン、キケロなど古代ギリシヤや古代ローマ時代の哲人たちの言葉を引いた上で、次のようにプロレタリアート（賃金労働者）を一喝します。

労働の教義でぼけてしまったプロレタリアート諸君、君たちに執拗なまでに隠蔽されているこれら哲人の言葉がおわかりか。――金のために労働をくれてやるものは、奴隷の位置におとされ、数年も入獄しなければならない罪を犯したことになるのだ。

（『怠ける権利』「怠ける権利」附録より　ポール・ラファルグ著　田淵晉也訳）

先に紹介したアレントの著作でも、いかにギリシヤのポリスの人々が「労働」を軽蔑していたのかが紹介されていましたが、ラファルグはまさにその視点を思い出せと言っているわけです。

さらにラファルグは、「資本教」というタイトルで、資本主義に翻弄される労働者を痛烈に皮肉ったパロディ作品も著しています。

問い――おまえの名はなにか。
答え――賃金労働者です。
〈中略〉
問――おまえの宗教はなにか。
答――「資本教」です。
問――「資本教」はおまえにどのような義務を負わせているか。
答――主要な二つの義務、つまり、権利放棄の義務と労働の義務です。〈中略〉幼年時代から死ぬまで、働くこと、太陽の下でもガス燈の下でも働くこと、つまりいつでもどこでも働くことを、わたしの宗教は命じます。〈中略〉
問――おまえの神、「資本」は、おまえにどのような報いを授けるのか。
答――いつもどんな時にも、妻や幼い子供やわたしに仕事をくださることによって。

問　――それが唯一の報いか。

答　――いいえ。畏敬すべき僧侶や選民が常食にしている肉や上等の食糧を、われわれは食べたことがなく、今後も口にすることはないでしょうが、それらの旨そうな陳列品を目で味わうことで飢えをみたすのが公認されております。〈中略〉選ばれたお歴々が、われわれのものにはならぬすばらしいものを享受しているにしても、それらがわれわれの手と頭脳の産物だと考えると、わたしたちは誇らしい気持になります。

（『怠ける権利』「資本教二　労働者の教理問答」より　ポール・ラファルグ著　田淵晉也訳）

「働くこと」への違和感の正体

再び初めの問いに戻ってみますと、さて、かの「高等遊民」代助の感じていた「働くこと」への違和感とは、詰まるところ、いったい何であったのでしょうか。

アレントやヴェーバー、そしてラファルグの議論を参照したところで、次のようにまとめることができるのではないかと考えられます。

本来は人間的な手応えを得られるはずの「仕事」というものが、いつの間にやら「労働」というものに吸収合併され、すっかり変質してしまったということ。そして、「労働」

こそが価値を生むものであるという「労働価値説」が社会経済の根本的価値観となってしまったこと。さらに、古来は最も価値あることとされていた静かな「観照生活」の意味はすっかり忘れ去られて、単に怠惰で非生産的なものとしてしか捉えられなくなってしまったこと。

また、ひたむきに「天職」を遂行することが「世俗内禁欲」という徳のある生き方であるというプロテスタントの価値観が出発点となって、「労働」して稼ぐことこそが善行であるとされるようになったこと。そして、そこから資本主義というものが生み出され、「働かざるもの食うべからず」といった「資本主義の精神のエートス」が力を持ってしまったこと。つまり、ラファルグの「資本教」をもじって言うならば、**「労働教」という宗教にすっかり近・現代人が取り憑かれてしまった**ということ。

そういった諸々が、「働くこと」を奴隷的で非人間的なものにしてしまったのです。「高等遊民」の抱いた違和感とは、そういうおかしな生き方への、真っ当な違和感であったのではないでしょうか。

ここで、次の写真をご覧ください。

これは、かのアウシュビッツ収容所の入場門に掲げられた「働けば自由になる（ARBEIT

MACHT FREI)」という標語です。

もちろん、この標語が真っ赤な嘘であり、ここに収容されていたユダヤ人捕虜たちは虫けら同然にこき使われ、多くの人々が衰弱死したりガス室送りになったという悲惨な末路をたどったことは、皆さんもご存知の通りです。

これは、かなり特殊な状況の下に行われた大虐殺だったのですが、しかし「労働教」が支配する現代に生きる私たちにとっても、このアウシュビッツの標語が決して無縁な歴史上の遺物としてではなく、私たちへのかなり痛烈なアイロニーとして見えてくるのです。つまり、私たちもいつの間にか、この「働けば自由になる」という虚偽の標語に追い立てられ、騙されていやしないだろうか、ということです。

今日の社会では、「労働する権利」や「労働者の権利」のための闘いを目にすることはあっても、決して「観照生活」のための闘いなどにお目にかかることはありません。しかし、ラファルグが「怠ける権利」と表現した「観照生活」の復権を目指して、代助のような「高等遊民」こそは、独り静かに闘っているのだ、と見ることができるのかもしれません。私たちは、「労働」を忌避している「高等遊民」について、ピュウリタンのごとく見下すのではなく、大げさに言えば、そこには存在をかけた異議申し立てがあるのではないか、と受け取る必要があるのではないでしょうか。

今日われわれは、奴隷制を基盤に成立していた古代ギリシヤ市民のような暮らしができるはずはないし、もちろん倫理的にもすべきではありません。しかしながら、その奴隷制の代わりとなるべく機械化や情報化がここまで高度に実現されたにもかかわらず、人々は一向に〈労働する動物〉状態から解放されることなく、むしろあべこべにＩＴ機器の奴隷のように長時間「労働」に従事させられているという、かなり本末転倒な状況に陥っているのです。

アレントも言っていたように、**「労働」から完全に離れてしまうことは、人間から活力と生命を奪い去ってしまうことになる。これは、生き物としての一つの真実です。しかし、**

だからと言って、「労働」によってほとんどが占められるような生活もまた、決して人間的な生活とは呼べないでしょう。

さて、この一見相反する難しい要請に対して、私たちはいったいどのような答えを見つけ出すことができるでしょうか。

ここで、果たして「労働」をすべきなのか、すべきでないのか、という風に考えてしまっては、どうしても代助が直面したような行き詰まりの域を出ません。やはり、アレントの言った意味での「仕事」の復権や「活動」というものへの目覚め、そして忘却されて久しい「観照」というものを、たとえわずかであっても日々の生活の中に復活させることが大切なのではないでしょうか。量の次元になってしまっている種々の「労働」を、「仕事」という質のあるものに移行させていくことを、これから私たちは真剣に考えなければならないのです。

人間らしい「世界」を取り戻すためには、**儲かるとか役に立つとかいった「意義」や「価値」をひたすら追求する「資本主義の精神のエートス」というものから各々が目覚めて、生き物としても人間としても「意味」が感じられるような生き方を模索すること。**この狭き道こそが、これからの私たちに求められている課題であり、希望なのです。

第3章 「本当の自分」を求めること

「本当の自分」は果たしてあるのか？

「働くこと」に対して根本的な問いを向けざるを得ない「高等遊民」は、避け難く「本当の自分」をめぐっての問いにも直面することになります。「近代的自我」に目覚めた生き方とは、漫然と流されることを良しとせず、「本当の自分」として生きようとすることにほかならないからです。

前述したように、臨床場面でも、これまでの自分が「本当の自分」を生きてきたとは思えない、「本当の自分」がわからない、といった苦悩が語られることがかなり増えてきているのですが、一方、巷ではこのような悩みを、真正面から取り扱おうとしない風潮があるように思われます。

「自分探し」なんて時間の無駄である、**「本当の自分」なんてどこにもありはしない、そんなことを考えている暇があったら何でもいいから働け、といった乱暴な議論があちらこちらでなされており、**ただでさえ自信が持てなくなっている彼らは、これによって、さらに自己否定を強めてしまっているという困った実情があります。

それにしても、なぜここまで「本当の自分」を求める、いわゆる「自分探し」の評判が悪いのか。この問題を真正面から考えてみる必要があるだろうと思います。

かつて、アメリカで始まった自己啓発セミナーというものがわが国でも流行しましたが、中にはマルチ商法的なものやマインドコントロールが疑われるようなものもあったため、一種の社会問題になったことがあります。これに加えて、カルト的な新興宗教が「自分探し」を求める若者たちを巧みに取り込んで反社会的事件を起こしたりしたこともあって、社会全体に「自分探し」への警戒感とアレルギー反応が強く醸成されることになりました。おそらく、今日の「自分探し」へのアレルギー反応の背景には、このような経緯があったことも大いに関わっているのではないかと考えられます。

さて、今日巷で展開されている「自分探し」への批判には、大別すれば、二通りの種類があろうかと思われます。

一つは、旧来のハングリー・モチベーションの価値観、すなわち「労働」を賛美する「労働教」の信者によるもので、「自分探しなどというものは、働かないための甘えた言い訳に過ぎない」といった感情的反発に基づいたものです。「本当の自分」というものが存在するのか否かについては、彼らははなから否定的で、きちんと吟味してみようという姿勢がそもそもありません。多分、彼らは、「自分探し」というものによって、禁欲的で従属的な価値観の「労働教」の秩序自体、根底から覆されてしまうのではないかという危機感を無意識的に察知しているのではないか、と考えられます。これは、あまり理性的ではなく、古い精神論に固執し、思考停止状態に陥ってしまっている旧守的な人間によく見られる考え方です。

もう一つは、固く狭い哲学的な考察によるものです。「本当の自分」などというものは、そもそも知ることもできないし、その存在を証明することもできない対象だとして、そういうものを想定すること自体について、否定的な見解を持っています。

これらは、客観という狭い合理性の世界の範囲内で認識できるものだけを厳密に扱おうとする立場で、原始的な盲信や宗教的思考停止を払拭するために、合理的・科学的思考を旨とします。これが、近現代の世界の基本的ドグマになって、今日の物質的繁栄をもたらしたことは言うまでもありませんが、ここで問題になっている「本当の自分」を求める人々の心性に対して、この考え方を適用することには、原理的に無理があると言わざるを得ません。

フロイトがかつて、人間存在にとっては「物的現実」ではなく「心的現実」が重要であることを説き、これにより人類の人間理解が大きく前進したわけですが、これはつまり、人間というものは「客観」によってではなく「主観」やイメージによって規定される生き物であるという発見だったと言えるでしょう。このことを念頭に置き、そこから人間というものを考えなければ、やはり本当のことは見えてきません。

　この「心的現実」というものが、いかに人間の在り方に決定的な影響力を持つものであるかということは、日々の臨床で私も目撃し、驚嘆させられています。一般に想像されていることとは違って、**「心的現実」の変化によって人間に起こる変化は、薬物などによる化学的作用をはるかに凌駕《りょうが》する、ダイナミックで本質的なものです。**身体医学的アプローチが空振りに終わったような慢性的身体疾患でさえ、「心的現実」への働きかけによって劇的に解決することも、決して珍しくありません。これが、「心」というものを備えた人間存在の真実なのです。

　このように「心」を備えたわれわれ人間には、内面的な苦悩や問いがどうしても湧き起こってくるものなのですが、これについて、「頭」というコンピューター的な理性で合理的思考に基づく議論を行っても、どうにも的外れな結論しか導き出せません。人間の「心」というものをよく知れば知るほど、それが合理的思考というツールでは決して測り切れない次元のものであることがわかってくるはずで、象牙の塔や書斎にこもって「頭」

をひねってみても、それは見えてこないのです。

苦悩から脱した先にある「第二の誕生」

さらにこの問題を論じる上で、どうしてもつきまとってくる大きな問題があります。**生まれ育ってくる中で避け難く曇らされてしまい、「頭」でっかちで神経症的にならざるを得ないわれわれの感覚や認識というものを、「心」を中心に回復させることができた時、人は「本当の自分」になったという内的感覚を抱きます。これは、生まれ直したかのような新鮮さと歓びに満ちたものであり、「第二の誕生」とも呼ばれます。**第1章で採り上げた「中年期の危機」を解決することとは、この「第二の誕生」の経験を得ることにほかなりません。

このような内的変革の経験は、これまで超越体験、覚醒体験、宗教体験、悟りなど様々な言い方で語られてきたものですが、これを経た人間とそれ以前の段階に留まる人間との間には、絶望的とも言えるディスコミュニケーションが横たわっています。

超越体験はこれまで、どうしても宗教的、あるいはスピリチュアルな文脈で語られることが多く、そこには常に「私だけがそれを達成できた優れた人間である」「私こそは神に愛され選ばれた人間だ」といった、どこか選民思想的な思い上がりがつきまといがちです。

さらに、この経験を奇跡のようなものと捉え、そのための秘儀を「あなただけに特別に伝授します」といった触れ込みで、多くの自己啓発セミナーや新興宗教、自称カウンセラーによる素人心理療法、スピリチュアルなヒーリング等が様々に行われてきたという問題もあります。

そこには、「未体験なことを体験させる」という構造から来る避け難い不透明さがあるために、内容はかなり玉石混淆《こんこう》です。中には、偏った個人的経験の押し付けに過ぎないようなものや、集団心理を用いた洗脳まがいの危険な内容のものも珍しくありません。

しかし、人間心理を扱うということは、一見誰にでもできそうに思えて、外科手術に匹敵するような熟練と、深く普遍的な人間理解を要するものです。素人療法的に不用意なアプローチを行うことで、場合によっては精神病を発症させてしまったり、精神に深い傷や偏りを負わせてしまうことにもなりかねません。実際、私もこれまで、そのような経緯で調子を崩したケースのアフターケアや精神の立て直しの作業を数多く行ってきましたが、言葉のメスというものは見かけ以上に持続的な威力を持っているもので、決して個人的な経験のみに基づいて安易にふるわれてはならないものだと思います。

このような問題は、前項でも述べた通り、過去に何度も深刻な社会問題に発展したこともあり、多くの人々に、「心」の問題に向き合う作業について、強い不信感と感情的アレルギー反応を引き起こしてしまったという残念な側面があります。しかし、だからと言って「心」の問題として扱われなければならないことを、乾いた合理主義的哲学のみで扱うこともまた、別の意味で誤りなのです。

以前、何度も著作の中で引用したことがありますが、夏目漱石の『私の個人主義』には、「本当の自分」に突き抜けた漱石自身の喜びに満ちた体験が、実に生き生きと語られています。

……ああここにおれの進むべき道があった！　ようやく掘り当てた！　こういう感投詞を心の底から叫び出される時、あなたがたははじめて心を安んずることができるのでしょう。〈中略〉もし途中で霧か靄《もや》のために懊悩していられるかたがあるならば、どんな犠牲を払っても、ああここだという掘り当てる所まで行ったらよかろうと思うのです。〈中略〉だからもし私のような病気に罹った人が、もしこの中にあるならば、どうぞ勇猛にお進みにならんことを希望してやまないのです。もしそこまで行ければ、ここにおれの尻を落ちつける場所があったのだという事実をご発見になって、生涯の安心と自信を握ることができるようになると思うから申し上げるのです。

（『私の個人主義ほか』「私の個人主義」より　夏目漱石著）

これは、漱石が晩年の一九一四年に、学習院大学で学生に向けて行った講演の記録です。漱石自身がかつて「本当の自分」を求めて苦悩し、その果てに「自己本位」という境地に抜け出た喜びが、ここには熱く語られています。

このように**「本当の自分」になる経験が起こると、必ずや一定期間の後に、「自分」への執着が消えるという新たな段階に入っていきます。**

漱石も例外ではなく、「自己本位」の状態の後にこの段階が訪れます。その境地を漱石は「則天去私」という言葉で表しました。これは彼の造語なのですが、「天に則《のっと》り私を去る」という意味で、「自分」という「一人称」への執着が消えた「超越的0人称」の境地を表しているのです。

この「超越的0人称」というのは、私がかつて提唱した概念で（拙著『「私」を生きるための言葉』を参照）、「本当の自分」という「一人称」を獲得したのちに、「自分」への執着が消えた状態のことを表したものです。「一人称」が消えた後の「0人称」と、「一人称」に未だ達していない「0人称」（これを「未熟な0人称」と呼ぶことにします）とは、「自分がない」という点だけを見れば似ているように思えて、質的にはまったく違う次元に属するものなので、これをそのように名付けて区別したのです。

このような人間の変化成熟過程を、ニーチェは『ツァラトゥストラ』の中で駱駝《らくだ》↓獅子《しし》↓小児という「三様の変化」として、比喩的に述べています。駱駝が「未熟な0人称」のことであり、獅子は「一人称」、そして「小児」が「超越的0人称」に相当します。

ただし誤解してはならないのは、この駱駝として象徴されている「未熟な0人称」というものは、決して未成年のような未熟な状態を指しているわけではなく、むしろ私たちが「一人前の社会人」と呼んでいるような社会適応的な状態のことだという点です。つまり、この**適応的な「一人前の社会人」という状態は、決して人間として完成されているわけではなく、人間の真の内的成熟という観点からすれば、緒にもついていないような段階にあるということなのです。**

さて、こういった理解を前提にして、改めて「本当の自分」に関する議論がどういうことになっているのかを説明してみましょう。

つまり、「本当の自分」が有るのか無いのかという議論は、論じている人が「未熟な0人称」の場合には、何せ「本当の自分」について未経験なので「そのようなものはあるはずが無い」という結論付けが行われやすいでしょうし、「一人称」もしくは「超越的0人称」を経験している人は、必ずや「本当の自分」の存在を肯定することになるはずです。よって、この「本当の自分」論争というものは、論者が足を置いている経験の次元がそれぞれ決定的に異なっているがゆえに、どこまで行っても平行線にならざるを得ない構造になっているのです。

また、このプロセスを経験したことのない人は、この0→1→0という変遷があることを知らないがゆえに、単に知識で「超越的0人称」のことをわかったつもりになって、「本当の自分」など有りはしないのだと断じてしまったり、「自分探し」をしたとしても所詮は玉ねぎの皮を剝《む》くようなもので意味がない、などと早合点したことを論じてしまいがちなのです。

加えて、「本当の自分」は決して一つではなく様々な面があって当然だといった議論も、神経症的な「0人称」の段階を脱していない人が、「本当の自分」というものと社会適応的な「一人前の社会人」とを混同してひねり出した議論であって、やはり問題の本質を捉えそこなっていると考えられます。

このような言説の数々は、言わば食べたことも見たこともない料理を「不味《まず》い」とか「食べる意味はない」と断定しているようなところがあって、真摯に「本当の自分」を求めている人々をいたずらに惑わせてしまいかねません。

自分の経験したことのないものについて、「そんなものはない」と決めつけたりせずに、率直に「わからない」として捉えることこそ、真に理性的な態度ではないかと思うのです。

「意味」と「意義」の取り違え

本書の冒頭で、私は「人間は意味がなければ生きていけない生き物である」ということを述べました。しかし、この「意味」とはいったい何もので、それは果たしてどのように感じられるものなのかということを、ここで掘り下げて考えてみたいと思います。

まずは、この「意味」というものを明確にするために、似通った使われ方をすることの多い「意義」との違いについて考えてみましょう。

「意味」と「意義」という概念の違いについては、論理学や現象学などの分野でもいろいろと議論されてきているテーマの一つではありますが、しかしそれらは専門的に過ぎ、

「生きる意味」という問題を考える上ではあまり参考になりません。ここでは、普段私たちが用いている感覚をもとにしながらも、「意義」と「意味」を異なるものとして定義付けてみようと思うのです。

現代に生きる私たちは、何かをするに際して、つい、それが「やる価値があるかどうか」を考えてしまう傾向があります。このような、「価値」があるならばやる、なければやらないという考え方に、「意義」という言葉は密接に関わっています。つまり、私たちが「有意義」と言う時には、それは何らかの「価値」を生む行為だと考えているわけです。

また、「時間を有意義に使いましょう」「有意義な夏休みを過ごしましょう」といったスローガンは、私たちが子供時代からイヤというほど聞かされてきたおなじみのものです。これは一見、もっともな教育的スローガンのように思われますが、実のところかなり私たちを窮屈にしているものでもあります。

例えば、うつ状態に陥った人たちが療養せざるを得なくなってまず直面するのが、この「有意義」な過ごし方ができなくなってしまった苦悩と自責です。働くとか学校に行くといった「有意義」なことができない自分を、「価値のない存在」として責めてしまうのです。

問題なく動けて社会適応できている時には気付き難いことですが、**私たち現代人は「いつでも有意義に過ごすべきだ」と思い込んでいる、一種の「有意義病」にかかっているようなところがあります。**特に最近では、ＳＮＳ等に写真付きで投稿できるような「何かをする」ことが重視される風潮も高まっていて、ひたすらゴロゴロして過ごした場合など、「何もしなかった」ことになって、後ろめたい気持ちにさいなまれたりします。何の「価値」も生み出さなかったのだから、ちっとも「有意義」でなかったことになってしまうわけです。

　また現代では特に、「価値」というものが「お金になる」「知識が増える」「スキルが身につく」「次の仕事への英気を養う」等々、何かの役に立つことに極端に傾斜してしまっているので、「意義」という言葉もそういう類の「価値」を生むことにつながるものを指すニュアンスになっているのです。

　しかし、一方の「意味」というものは、「意義」のような「価値」の有無を必ずしも問うものではありません。しかも、他人にそれがどう思われるかに関係なく、本人さえそこに「意味」を感じられたのなら「意味がある」ということになる。つまり、ひたすら主観的で感覚的な満足によって決まるのが「意味」なのです。

これを、別の言い方で説明してみましょう。

「意義」とは、われわれの「頭」の損得勘定に関係しているものなのですが、他方の「意味」とは、「心=身体」による感覚や感情の喜びによって捉えられるものであり、そこには「味わう」というニュアンスが込められています。

このように整理してみますと、「意義」と「意味」とは、かなり異なった概念であることがはっきりしてきます。

しかし、現代人が「生きる意味」を問う時には、ともすればつい、この「意味」と「意義」を混同してしまって、結局「生きる意義」や「価値」を問うてしまっていることが少なくないのです。そしてこれが、問題を余計難しくしてしまっているのです。

人が「生きる意味」を問わざるを得なくなるのは、必ずや「意義」を追い求める生き方に疲弊したからなのであって、そこで改めて「意義」を問うてみても、それで何かが見つかるはずもありません。生産マシーンのごとく、**常に「価値」を生むことを求められてきた私たちは、「有意義」という呪縛の中でもがき続けていて、大切な「意味」を感じるような生き方を想像する余裕すらない状態に陥ってしまっているのです。**

まだ私たちが幼かった頃、一日がとても長く感じられ、未知な世界に向かって好奇心を向け、自由な空想にひたり制約のない夢を育んでいた頃、生きることは「意味」に満ち溢れていました。何も印刷されていない広告の裏面に無邪気にクレヨンを走らせていた時に、それが「何かの価値を生む」とか「将来画家になる」などといった現世的な「価値」を求められることはなかったし、自分でもそんなことを思いもしなかったわけです。

しかし、そんな「意味」に満ちた幼年時代ですら、現代ではお受験のための「お絵描き教室」のような「有意義」な習い事に吸収されて、いつの間にやらスキルを身につけるための義務的な作業に変質してしまいました。当然のことながら、子供の世界からは「意味」などすっかり消え去ってしまい、生きる喜びとは無関係な「意義」だけが、彼らの中に空しく積み上げられていくようになってしまったのです。

生きる「意味」はどこにあるのか

本当に、生きる「意味」はあるのだろうか？

精神療法の場面で、このような問いを投げかけられることは、決して珍しいことではありません。特に若い世代のクライアントから、このような問いかけがなされることが多いのですが、その背景には、両親や教師をはじめとして、彼らが目にする大人たちの生が、どう見ても「意味」のあるものには見えない、という感覚があるようです。

ところで、この「生きる意味はあるのか？」という問いに対して、「あります」とか「ありません」と答えることは適切ではありません。それは、答えがないということではなく、この「問い」が前提にしている考えそのものに潜む誤りを、初めに扱わなければならないからです。

この問いが前提にしている誤りとは何でしょうか。

それは、人生そのものにあらかじめ「意味」というものが有ったり無かったりすると想定している点です。「意味」というものは、あらかじめ固定的に存在しているものではありません。「意味」とは、人が「意味を求める」という「志向性」を向けることによって初めて生ずる性質のものなのです。

別の表現をすれば、「意味」というものは、どこかに点のように存在しているのではなく、「意味を求める」という意識のベクトルを向けることによって出現する、あくまで動的なものだということです。つまり、**「意味」は決してどこかで見つけてもらうことをじっと待っているような固定した性質のものではなく、「意味を求める」という自身の内面の働きそのものによって、初めて生み出されてくるものなのです。**

ヴィクトール・E・フランクルはこのことを、「意味への意志」という言い方で述べています。フランクルは「意味への意志」を、フロイトが重視した「快楽への意志」やアドラーが重視した「権力への意志」と比較して、次のように述べています。

現に、快楽への意志や権力への意志についても、同じようなことがあてはまります。しかし、快楽が意味成就の副次的成果であるのに対して、権力は、意味成就がある種の社会的および経済的な諸条件に拘束されているかぎり、目的のための手段でありま す。ところで、いつ人間は「快楽」という単なる副次的成果を気にかけており、また、いつ権力と呼ばれる、目的のための単なる手段だけで満足するのでしょうか。さて、快楽への意志ないしは権力への意志の形成は、そのつど、意味への意志が挫折させられる場合にはじめて、生ずるのです。

(『生きがい喪失の悩み』より　ヴィクトール・E・フランクル著　中村友太郎訳)

つまりここでフランクルは、「生きる意味」を求めるという「意味への意志」こそが本質的なベクトルなのであって、「意味」の副産物である「快楽」や、「意味」を得るための方便に過ぎない「権力」を目標と考えることは、本筋ではないとして、フロイトやアドラーの主張に異を唱えているわけです。

この主張には私もまったく同感です。人間というものは、フロイトの言ったようにリビドーという性的エネルギーのみで説明できるほど浅薄なものでもないし、また、アドラーの論じたように権力や優越感を求めることが人間を動かす根源的な動機と考えるほど世俗的なものでもないからです。

もちろん、人間には「快楽」や「権力」を追い求めてしまう浅薄な部分があることは一面の真実でしょう。しかしながら、だからと言って人間は決してそれだけに留まるものではありません。やはり人間というものには、「生きる意味」を追い求めずにはいられない哲学的性質があり、他の動物とは異なる実存的な奥行きを備えた存在なのです。

さて、このフランクルの「意味への意志」という概念は、そもそもニーチェの説いた「力への意志」という概念から発想されたものなのですが、ここで「力への意志」というものをニーチェがどのように語っているのか、見てみましょう。

およそ生あるものの見いだされるところに、わたしは力への意志をも見いだした。

そして服従して仕えるものの意志のなかにも、わたしは主人であろうとする意志を見いだしたのだ。

〈中略〉

そして、次の秘密は、生そのものがわたしに語ったことなのだ。「見よ」と生は語った。「わたしはつねに自分自身を超克し、乗り超えざるをえないものなのだ。

〈中略〉

およそ生があるところにだけ、意志もある。しかし、それは生への意志ではなくて――わたしは君に教える――力への意志である。

（『ツァラトゥストラ』第二部「自己超克」より　ニーチェ著　手塚富雄訳）

ここで「力への意志」というものは、「主人であろうとする意志」とも言い換えられています。つまり、自分が常に諸事物の主人であろうとすること。つまり、世界や世界の真理、生あるものの本質について等々、それらを認識する主体であろうと意志すること。そしてその認識そのものも、決して固定的なものに留まることを許さず、絶えざる「自己超克」を行って、どこまでも高みを目指して進んでいこうとする動的なものとして捉えています。

このように、不断のベクトルを出し続ける人間の性質こそが「力への意志」という生の本質なのだ、とニーチェは見ているわけです。

こうして見てみますと、フランクルの「意味への意志」という概念は、ニーチェが「力への意志」と呼んだ生の本質の一つであることが、はっきりとわかります。

つまり、「生きること」そのものをわれわれの意識が対象化し、それを「人生」と名付け、そこに「意味を問う」というベクトルを向けること。これにより、**自分が己の人生の主人であろうとすること**。この一連の人間ならではの営みが、フランクルの言った「意味への意志」というものの本質なのです。

「仕事探し」＝「自分探し」の幻想を捨てよ

われわれの「頭」というコンピューター的な部分は、物事を対象化し、「認識」を得ることによって、すべての主人であろうとする性質があります。

しかしながら、この「頭」という部分は、「質」そのものを直接的に認識することができず、どうしても「量」というものに落とし込んだ形でしか対象を把握できません。そのため、われわれは、ともすれば対象そのものの本質から外れて、手段や副産物の方を目的と捉え違いしがちなところがあります。方便を自己目的化したり、結果だけを短絡的に追求してしまったりするのも、そのためなのです。

よって、私たちが「価値」と呼んで追い求めている諸々のものは、いずれもこのような「頭」の錯誤によって捉えられたものばかりであると言ってもよいかもしれません。良き学歴を得て良き就職をし、良き社会的地位や収入を得て、結婚し子供を儲け、家を持ち、子供を良き学校に入れ、良き習い事をさせ、等々。これら、多くの人たちが躍起になって追いかけている「価値」の諸々も、元来は、幸せに生きることを目指しての方便に過ぎない事柄だったはずなのですが、いつの間にか、それ自体が目的化してしまったものなのです。

しかし、その一方で、私たちの野性的部分である「心＝身体」は、「質」を直接的に感じ取って、それを「味わう」ことができる性質を備えています。この「心＝身体」こそが、私たち人間の本来の中心であり、ここで様々なことを「味わう」からこそ、私たちは幸せを感じるわけです。つまり、**人が生きる「意味」を感じられるのは、決して「価値」あることをなすことによってではなく、「心＝身体」が様々なことを「味わい」、喜ぶことによ**

って実現されるのです。

この章で考えてきた「本当の自分」を生きるということは、つまりはこのような自分自身の在り方に戻る、あるいは脱け出ることだと言えるでしょう。**「本当の自分」というものは、どこか外に待ち受けていてくれるものではなく、自分の内部を、「心＝身体」を中心にした生き物として自然な在り方に戻すことによって達成されるのです。**

一九七〇年生まれのノルウェーの哲学者ラース・スヴェンセンの近著『働くことの哲学』には、こんなことが述べられています。

「天職としての労働」という観念の残滓《ざんし》は、こんにちあちらこちらで見かけられる「真の自己」探しのうちに認められる。私たちが転職する割合は年々高まっている。天職という観念は、近代の個人主義によって変質してしまった。私たちはもはや神に奉仕しているのではなく、自分自身に奉仕しており、「個人」としての自分たちにたいする私たちの一番の義務は、自己実現だ。〈中略〉

こんにち私たちは、ふさわしい仕事探しに躍起になっており、仕事とそれに従事する人間との間には、相性があるはずだと思っている。〈中略〉

個人主義の出現によって、各人には自分にたいする新たな責任が、すなわち自分らしい自分になるという義務が課された。私たちはみなロマン主義者であり、だから自己実現という観念の頑迷な信者だ。そこではもはや、すでに与えられている自己など一顧だにされず、新たな自己の創出だけがめざされる。真の自己とは自前の自己のことだ。いまや労働は、この自前の自己を創出する過程における一ツールだ。
これを、天職という観念のロマン主義的変形と呼んでもよいだろう。ロマン主義者であることにまつわる問題とは、自分の目標とする究極的にして個人的な意味が完全に実現されることがけっしてない以上、本当に自分が満足を得ることはない、少なくとも永遠につづくような満足が得られることはないという点にある。

（『働くことの哲学』第1章「呪いから天職へ」より　ラース・スヴェンセン著　小須田健訳）

前章でも触れましたが、ルッターは、聖書にしばしば登場する「召命」という概念（神に呼ばれ、神に献身すること）を、「仕事に従事することは、すべて召命である」というところまで拡大解釈を行って、これを「天職」と呼んだのでした。
しかし今日では、人々はもはや神の命に従うというのではなく、「自己実現」の名の下に「真の自己」にふさわしい「仕事探し」に躍起になっている。この現代人の状況を、スヴェンセンは皮肉を込めて「ロマン主義的変形」と言っているのです。

このスヴェンセンの議論にも、最近の哲学者たちの論調と同様に、「真の自己」探し、すなわち「本当の自分」探しというものに対する懐疑的なニュアンスが込められているように思われます。しかしながら、現代の「本当の自分」探しというものが、自分にふさわしい「仕事探し」というものにすり替わっているという彼の指摘は、重要な問題提起を含んでいると言えるでしょう。

つまり、「そこではもはや、すでに与えられている自己など一顧だにされず、新たな自己の創出だけがめざされる。真の自己とは自前の自己のことだ。いまや労働は、この自前の自己を創出する過程における一ツールだ」と述べられているように、「真の自己」というものが、自分の内にあるものを指すのではなく、本人によって創り出される「新たな自己」というものにすり替わってしまっていることのおかしさ。しかも、それがきっと「仕事探し」によって実現されるに違いない、と多くの人々が信じ込んでしまっているということ。このように、「真の自己」が自分の内でなく外に想定され、そしてそれがすでに社会に用意されている「仕事」とのマッチングによって実現するはずだ、という考え方は、確かに人々を終わりなき「自分探し」、すなわち終わりなき「仕事探し」という迷路に追い込んでしまうものである。それが問題だという指摘なのです。

これを私なりに整理しますと、**問題点は大きく二つあって、「真の自己」を外に求めてしまっていることと、それを「職業」という狭い範疇のものに求めてしまっているところにあるのです。**

もちろん、人が「本当の自分」を生きたいと真剣に渇望すること自体は、決して揶揄されるべきではないと私は考えます。しかし、世の中で用意されている「仕事」の多くが、「労働」と呼ばざるを得ないような、手応えの少なく断片化されたものになってしまっている今日、私たちは既存の選択肢の中だけでキリのない「職探し」に迷い込んではいけないだろうと思います。

内なる「心＝身体」の声に導かれ、場合によっては真に「仕事」や「活動」と呼べるものを自分で創出するのもよいでしょうし、どこかに理想の職業が用意されているという幻想から脱却できていれば、自分の資質にかなった、よりふさわしい職業に進路変更してみるのもよいでしょう。さらに、「働くこと」に中心を置かない生き方を模索するという選択もあるでしょうし、たとえ「労働」に従事せざるを得ない場合においても、それをいかに自分が「仕事」と呼べるものに近づけていけるかを工夫してみるのもよいでしょう。つまり、「労働」において見失われがちな「質」というものを、自身の「心＝身体」の関与によって回復させることができる余地が、一見無味乾燥に思える「労働」の中に見つかることもあるのです。

いずれにせよ、人間に与えられている知恵というものは「心＝身体」のところに源があり、それは決して受動的で隷属的なことを良しとしません。「心＝身体」を中心にした「本当の自分」という在り方は、能動性と創造性、そして何より遊びを生み出すものです。

一個の人間は一つの職業に包摂されるほど小さくはない、と私は考えます。古代ギリシャ人がかつて人間らしい在り方と捉えていた「仕事」や「活動」、そして「観照生活」というものを、少しでも現代に生きる私たちが自らの生活に復活させることができるか。**私たちに問われているのは、「労働」をやみくもに賛美する「労働教」から脱して、今一度、大きな人間として復活することです。**

キリスト教的な禁欲主義に端を発し、「天職」という概念の登場によって「働くこと」が人生の最重要課題として絞り込まれ、それが転倒して金を稼ぐことが賛美されて資本主義が登場し、いつしか浅薄な欲望を刺激し拡大再生産するこのモンスターが、われわれの神となったのです。これに奉仕することを「召命」として人々に求めるもの、これが「労働教」の正体です。

しかし、**一人一人の「心＝身体」から湧き起こる知恵が、有能なマネージャーとして「頭」の理性を協働させ、社会に向かって動き出した時、必ずや既存の型におさまらない、その人らしい歩みが導き出されるはずです。**

そして、そのように生きる人が一人でも増えていくことによって、非人間的な「労働」が、少しずつ「仕事」や「活動」に置き換わって、人間が人間らしく生きられるようになっていくのではないでしょうか。それが、すなわち「労働教」からの脱却であり、現代に生きる私たち一人一人の重要な使命ではないかと思うのです。

第4章 私たちはどこに向かえばよいのか

「自由」という名の牢獄

「ハングリー・モチベーション」の時代とは、生きるためにすべきことがはっきりしていて、「何をするか」について人々があまり思い悩む必要のなかった時代だったと言えるでしょう。

「不自由」から「自由」を目指すこと、つまりマイナスからゼロに近付くことが、明らかな最優先課題だったからです。

しかし、ゼロからプラスに向かう場合には、必死で追い求めてきたはずの「自由」が、今度は皮肉なことに厄介な困難として我々の前に立ちはだかってくるのです。

「自由」というものは、「不自由」な時には光り輝く目標として明確に捉えられるのですが、その「不自由」が解消された途端、「自由」はもはや目標ではなくなり、「さあ、どうぞご自由に」という不敵な笑みを浮かべて、途方もない謎掛けのように私たちにのしかかってきます。

「自分は何がしたいのか？」といった問いに悩まされる人は、今日、決して少なくありません。彼らの中で「自由」とは、ひとたび獲得してみれば、かつて「不自由」だった頃に夢見ていたようなパラダイスなどではなく、一種の牢獄《ろうごく》のようなものにさえ感じられるのです。

エーリッヒ・フロムの『自由からの逃走』という本は、このような人間のパラドキシカルな心理について考察した名著です。まずフロムは、この「自由」というものを二つに分類します。それは「……からの自由」と「……への自由」です。

「……からの自由」とは、「第一次的絆」とフロムが呼ぶものから脱却することを指しています。

……私は、個性化の過程によって、個人が完全に解放される以前に存在するこれらの絆を、「第一次的絆」と呼ぼうと思う。それは人間の正常な発達の一部であるという意味で有機的である。そこには個性はかけているが、安定感と方向づけとがあたえられている。子どもを母親に結びつけている絆、未開社会の成員をその氏族や自然に結びつけている絆、あるいは中世の人間を教会やその社会的階級に結びつけている絆は、この第一次的絆にほかならない。

（『自由からの逃走』第二章「個人の解放と自由の多義性」より　エーリッヒ・フロム著　日高六郎訳）

この第一次的絆を断ち切って個性化すること、すなわち自分を制約・束縛している様々な絆から独立して自由な一個人になろうとすることは、個々の人間が成長する時に必ず通る過程であるだけでなく、人類がルネサンス以降に歩んできた歴史そのものでもあります。しかし、これはまだ「……からの自由」という段階のものであって、この「自由」は「消極的な自由」に過ぎないものだ、とフロムは述べます。

この個性化の過程によって、人は自我の力をある程度成長させますが、一方それと同時に、孤独や不安、そして自らの無力感やのしかかってくる責任の重さなど様々な困難に直面することになります。

さて、そこから人間は一体どうするのか。ここで、大きく二つの方向に分かれます。

……個性化が一歩一歩進んでいくごとに、ひとびとは新しい不安におびやかされた。第一次的な絆は、ひとたびたちきられると、二度と結ぶことはできない。ひとたび楽園を失えば、人間は再びそこに帰ることはできない。個別化した人間を世界に結びつけるのに、ただ一つ有効な解決方法がある。すなわちすべての人間との積極的な連帯と、愛情や仕事という自発的な行為である。それらは第一次的絆とはちがって、人間を自由な独立した個人として、再び世界に結びつける。しかし、個性化の過程をおし進めていく経済的、社会的、政治的諸条件が、いま述べたような意味での個性の実現を妨げるならば、一方ではひとびとにかつて安定をあたえてくれた絆はすでに失われているから、このズレは自由をたえがたい重荷にかえる。そうなると、自由は疑惑そのものとなり、意味と方向とを失った生活となる。こうして、たとえ自由を失っても、このような自由から逃れ、不安から救いだしてくれるような人間や外界に服従し、それらと関係を結ぼうとする、強力な傾向が生まれてくる。

（同前）

つまり、人は第一次的絆から独立しても、本来は「自発性」に基づく愛情や仕事によって世界との新たな関係を結ぶことができるはずのものである。しかし、これができない時、人は「たとえ自由を失っても、このような自由から逃れ、不安から救いだしてくれるような人間や外界に服従し、それらと関係を結ぼうとする」ことになってしまう。このような人々の心理が、結果として、かのナチズムをも誕生させることになってしまったのだと、フロムは鋭く考察したのです。

近年、わが国でも大震災などを背景に、「絆」という言葉があちらこちらで唱えられるようになってきていますが、私はどうしてもそこに、ある種の違和感と危惧を覚えます。それは、この「絆」というスローガンの中に、どこか第一次的絆への回帰を奨励するような、一種の反動的なニュアンスを嗅ぎ取ってしまうからです。

フロムはこうも述べています。

……ちょうど肉体的に母親の胎内に二度と帰ることができないのと同じように、子どもは精神的にも個性化の過程を逆行することはできない。もしあえてそうしようとすれば、それはどうしても服従の性格をおびることになる。しかもそのような服従においては、権威とそれに服従する子どもとのあいだの根本的な矛盾は、けっして除かれない。子どもは意識的には安定と満足とを感ずるかもわからないが、無意識的には、自分の払っている代価が自分自身の強さと統一性の放棄であることを知っている。このようにして、服従の結果はかつてのものとはまさに正反対である。服従は子どもの不安を増大し、同時に敵意と反抗とを生みだす。そしてその敵意と反抗は、子どもが依存している――依存するようになった――まさにその人に向けられるので、それだけいっそう恐ろしいものとなる。

（同前）

つまり、現代を生きる私たちは、もはや第一次的絆のところに戻ることなどできはしないし、もし無理矢理に戻ろうとして「自分自身の強さと統一性」を放棄し、何らかの権威に「服従」するのだとすれば、それはまさにファシズムを呼び戻すようなものであって、かのホロコーストのような悲惨な結果しか生み出さないでしょう。

それでは、私たちがこの「自由」の重み、つまり不安や孤独感、無意味感に負けないためには、どんなことが必要になるのでしょうか。

フロムは、人が「……への自由」つまり「積極的な自由」を実現するために欠かせない要素として、「自発性」ということを強調します。

自発的な活動がなぜ自由の問題にたいする答えとなるのだろうか。〈中略〉自発的な活動は、人間が自我の統一を犠牲にすることなしに、孤独の恐怖を克服する一つの道である。というのは、ひとは自我の自発的な実現において、かれ自身を新しく外界に——人間、自然、自分自身に——結びつけるから。愛はこのような自発性を構成するもっとも大切なものである。しかしその愛とは、自我を相手のうちに解消するものでもなく、相手を所有してしまうことでもなく、相手を自発的に肯定し、個人的自我の確保のうえに立って、個人を他者と結びつけるような愛である。

(『自由からの逃走』第七章「自由とデモクラシー」より　エーリッヒ・フロム著　日高六郎訳)

つまり、**「自発性」というものがあれば、人は「絆」などというものに依《よ》らなくとも、新たに外界と結びつくことができる。しかも、その結びつき方は、依存と支配といったものではなく、互いの独立性が尊重されるようなものである。それが、「愛」と呼ばれるものなのだ、とフロムは言っているのです。**

さらに補足すれば、この「愛」というものは、他者に向かう前にまずは自分自身に向かうものです。「かれ自身を新しく…自分自身に——結びつける」というわかりにくい表現になっていますが、これはつまり「自分を愛する」ということです。別の言い方をすれば、健全な自己愛が機能しているということなのですが、このような「愛」の状態は、しばしば恒星である太陽に喩えられます。

「自分が自分を愛する」ということは、自家発電が行われている自立的存在としての太陽、すなわち燃えさかり輝き続ける太陽のイメージそのものです。そして、この光と熱とは、自らの孤独の闇や寒さを払拭するのはもちろんのこと、その余剰エネルギーが周囲に惜しみなく放射され、それは何の見返りも期待しない無償の慈愛となります。

一方、孤独に打ち震え、寄る辺なさや無意味感に押しつぶされそうになっている状態は、月に喩えることができるでしょう。

月は、自らによって熱や光を生み出すことができないために、どうしても他から照らし温めてもらうことを求めざるを得ない。これが、「絆」にしがみついたり群れたがったりする心理を生んでしまいます。そして、「自分が自分らしく在る」という「自由」を放棄してまでも、何かに服従してしまうことになってしまうのです。**「愛」の自家発電が行われない時、人はこのように依存的状態に陥りやすくなってしまうのです。**

たとえ、運良くどこかから照らし温めてもらえたにせよ、その関係はあくまで隷属的なものであり、相手の支配に甘んじなければなりません。しかも、「この恩恵を打ち切られたらどうしよう」という不安が常につきまとうために、真の安心に至ることはできません。

愛と欲望の違い　～見返りや支配を求めないもの～

このように「愛」というものが、人間の「自発性」を生み出し、「積極的な自由」を実現する鍵を握っているわけですが、しかし、この「愛」ほど誤って捉えられているものもありません。

「愛」は、しばしば「欲望」と混同されたり、「欲望」を偽装する大義名分として用いられたりすることが少なくありません。「あなたのためを思って」という言い方で、親の虚栄心や打算が偽装され、子供に押し付けられることなどは、その代表的な例です。

「世のため人のため」という動機で行われるボランティア活動や宗教的活動、あるいは医療や福祉、教育などにも、同様の危険性が潜んでいます。

つまり、その活動が「人の役に立つ」ことで自身の存在意義を確認したり、「生きがいを感じたい」という動機によって行われたような場合には、これもやはり「欲望」が偽装されたものであることが大変多いのです。一般的には「善いこと」と見なされているこれらの行為も、自身の生きがいや存在証明のために他者を必要とする場合には、それはいくら「愛」のように見えたとしても、内実は「欲望」なのであって、偽善と言わざるを得ないのです。

そこで、この「愛」という概念について、「欲望」と峻別《しゅんべつ》するための定義付けをきちんと行っておく必要があるだろうと思います。

愛とは、相手（対象）が相手らしく幸せになることを喜ぶ気持ちである。
欲望とは、相手（対象）がこちらの思い通りになることを強要する気持ちである。

（『「普通がいい」という病』第6講「愛と欲望」より　泉谷閑示著）

このように「愛」というものは、相手の独立性や尊厳を侵害しないものであり、それはわれわれの「心」から生じます。しかし「欲望」の方は、相手を自分の意のままにしようと支配や征服を行おうとするもので、コントロール志向を特徴とする「頭」から生じるものです。

「頭」も「心」も併せ持った存在であるわれわれ人間は、どうしても純粋な「愛」だけの存在になることが難しく、ついつい「欲望」に振り回されてしまうところがあります。

しかし、だからと言って一部の思想家が流布しているような、人間を「欲望の束である」と見なすような議論には賛成できません。

人々の欲望がマスでどう動くのかを考えるマーケティング理論などにおいては、そのような見方がどうしても必要になってくるところもあるでしょうが、しかしそれは、あくまで経済現象を考える上での方便に過ぎないものです。欲望に突き動かされてしまう卑俗な一面のみで人間を捉えてしまうと、私たちは、寒々しいペシミズムか、誤ったニヒリズムにしか行き着きません。それでは「愛」のポテンシャルを秘めている人間の尊厳というものを、あまりに軽く見過ぎているのではないでしょうか。

巷によく見られる個人主義への誤解や拒否反応も、人間を「欲望」のみの存在と捉え違いしているために起こってしまった、残念な現象だと考えられます。個人主義なんて推し進めたりしたら、この社会は人間の「欲望」、すなわちエゴイズムだらけの無秩序な状態に陥ってしまうのではないか。そういう恐れが未だ多くの人々の根本にあることの顕れなのでしょう。

さて、それでは人間が「欲望」へのとらわれから脱し、「愛」に向かって成熟するためには、どうしたらよいのでしょうか。

それにはまず、われわれの「頭」から避け難く生じてくる「欲望」を直視し、自覚することが大切です。そして次に、この「欲望」すなわち「自分さえ良ければいい」という小さなエゴを、より射程の大きなものに育てていくようにするのです。これが、私たち不器用な人間に可能な、嘘のない「愛」への道筋です。

このことを空海は、「小欲を大欲へと育てよ」という言い方で表現しました。さらに空海は、よく言われるような「欲望」を滅却するなどということが、実のところ達成不可能な一種の自己欺瞞《ぎまん》に過ぎないことを見抜いていました。そして、これを「遮情《しやじよう》」として戒めたのです。彼は、「遮情」ということによって実現されるのはせいぜい、様々な「欲望」を抑圧しルサンチマン（妬み嫉み）を溜め込んだ、青白き偽善者であることをよく知っていたのです。

このルサンチマンは、必ずや生き生きと「自由」を謳歌《おうか》している人間に向けられ、彼らを引きずり下ろそうとします。ルサンチマンを抱える人間は、自分だけ窮屈であることが、どうにも許せないからです。

しかしそうは言っても、悪ガキのように露骨に「お前が楽しそうなのが気にいらない」などと言うわけにもいかないので、どうにか正当な理由で、自由な人間を引きずり下ろそうということになります。そんな時、必ずや持ち出されるのが、いわゆる「道徳」というものです。

小説家オスカー・ワイルドはこのことを鋭く見抜き、次のように言い当てています。

道徳とは、われわれが個人的に嫌いな者にたいして採る態度にすぎない。

（『オスカー・ワイルド全集』第3巻「箴言」より　西村孝次訳）

放浪の詩人ランボーは、さらに切れ味鋭く、こう記しています。

道徳なんて考えだすのは、
脳みそが弱ったせいだ。

（『ランボーの言葉』より　野内良三編訳）

「人間ならでは」のこととは何か

「ハングリー・モチベーション」の時代が終わり、私たちがゼロからプラスへと向かう上で、「愛」に支えられた「自発性」が大切であることを述べてきましたが、さて、この「愛」や「自発性」は私たちをどのように突き動かすことになるのでしょうか。

フロムは、「自発性」が人間にどのように現れるものなのかについて、こう述べています。

> まず第一にわれわれは、自然で自発的であったひとたちを知っている。かれらの思考、感情、行為は、かれら自身の表現であり、自動人形の表現ではない。これらのひとびとは多くは芸術家としてわれわれに知られている。事実、芸術家は自分自身を自発的に表現することのできる個人と定義することができる。〈中略〉
>
> 小さな子どもたちは自発性のもう一つの例である。かれらは本当に自分のものを感じ、考える能力をもっている。この自発性はかれらが話したり考えたりすることのうちに、また彼らの顔に表現される感情のうちにみられる。もし大部分のひとを引きつける子どもの魅力がなんであるか問うならば、センチメンタルな月並な理由は別として、私はまさにこの自発性にちがいないと思う。この自発性は、それを感知する力を失うほどには死んでいないひとびとに、深く訴えていく。じっさい、子どもにせよ芸術家にせよ、あるいはこのような年齢や職業で分類することのできないひとびとにせよ、かれらの自発性ほど、魅惑的説得的なものはない。

（『自由からの逃走』第七章「自由とデモクラシー」より　エーリッヒ・フロム著　日高六郎訳）

このように、人が「自発性」を発現した姿とは、それは芸術家のようであり、かつ、子供のような状態であるとフロムは言っているのです。これは第3章でも採り上げたように、ニーチェが『ツァラトゥストラ』の中で人間の最も成熟した姿を「小児」として表現していたことに、見事に符合します。

小児は無垢《むく》である、忘却である。新しい開始、遊戯、おのれの力で回る車輪、始原の運動、「然《しか》り」という聖なる発語である。
そうだ、わたしの兄弟たちよ。創造という遊戯のためには、「然り」という聖なる発語が必要である。そのとき精神はおのれの意欲を意欲する。世界を離れて、おのれの世界を獲得する。

（『ツァラトゥストラ』第一部「三様の変化」より　ニーチェ著　手塚富雄訳）

ここで言われている「小児」とは、もちろん、文字通りの小児ではありません。

道徳や規律の権化である「龍」に従う、勤勉で従順な「駱駝」であった自分。この未熟な0人称の自分が、一人称的な主体を奪還すべく「獅子」となって「龍」を倒す。そして「獅子」は、純粋無垢で創造的遊戯を行う超越的0人称である「小児」に変身します。よって、この「小児」とは、「駱駝」の勤勉さや忍耐力も、「獅子」の怒りや独立心をも内包した、ただ者ならぬ小児なのです。

一方、文字通りの小児、つまり子供は、無邪気で純粋で遊びに満ちてはいるものの、残念ながら、邪なるものも横行する世俗への抵抗力が、未だ備えられていません。また、そんな世俗に向かって、自分の世界をうち立てていくために欠かせない持続的な忍耐力や、したたかさなども持ち合わせていません。

芸術とは、邪なるものに曇らされた世俗に向かって決然と対峙《たいじ》して、そこで忘れ去られてしまった自然の本性、すなわち「美」を力強く表現するものです。ですから、文字通りの小児の表現するものが、いかに純粋で創造性に満ちていたとしても、それだけでは芸術と呼ぶことはできません。

美術家の岡本太郎も、彼の代表的著作である『今日の芸術』の中で、こう述べています。

ここでもう一つ考えねばならないこと、それは、子どもの絵と、すぐれた芸術家の作品との根本的なちがいについてです。

子どもの絵は、たしかにのびのびしているし、いきいきした自由感があります。それは大きな魅力だし、無邪気さにすごみさえ感じることがあります。しかし、よく考えてみてください。その魅力は、われわれの全生活、全存在をゆさぶり動かさない。

――なぜだろうか。

子どもの自由は、このように戦いをへて、苦しみ、傷つき、その結果、獲得した自由ではないからです。当然無自覚であり、さらにそれは許された自由、許されているあいだだけの自由です。だから、力はない。ほほえましく、楽しくても、無内容です。

〈中略〉

ところで、すぐれた芸術家の作品の中にある爆発する自由感は、芸術家が心身の全エネルギーをもって社会と対決し、戦いによって獲得する。ますます強固におしはだかり、はばんでくる障害をのりこえて、うちひらく自由感です。抵抗が強ければ強いほど、はげしくいどみ、耐え、そのような人間的内容が、おそろしいまでのセンセーション（感動）となって内蔵されているのです。

すぐれた芸術にふれるとき、魂を根底からひっくりかえすような、強烈な、あの根元的驚異。その瞬間から世界が一変してしまうような圧倒的な力はそこからきているのです。

（『今日の芸術』第5章より　岡本太郎著）

このように、真の芸術家の在り方というものは、子供の持つ純粋さや創造性を保ちつつ、そこに力強く成熟したものを兼ね備えた、ただならぬ「小児」と呼ぶべきものなのです。しかし、これは芸術家に限った話ではありません。

これまでも述べてきたように、人は決して、ハングリー・モチベーションに突き動かされて生きるだけの存在ではありませんし、人間が人間ならではの生を生きるということは、従順に「駱駝」を生きることに留まるものでもありません。

むしろ最も人間らしい姿とは、自由を束縛する様々なものと闘う「獅子」を経て、創造的遊戯を行う「小児」にまでたどり着くところにこそあると言えるでしょう。そして、その状態において人は、必ずや芸術的な存在となるのです。

オスカー・ワイルドは、これを耽美《たんび》主義者らしい言い方で、次のように述べています。

人は藝術品であるか、または藝術品を身につけるかすべきである。

(『オスカー・ワイルド全集』第3巻「箴言」より　西村孝次訳)

不可欠なものとしての芸術

このように、人が真に成熟していくこととは、すなわち芸術的な存在に向かって成熟していくことであり、これこそが、他の動物にはない人間ならではの豊かさです。

したがって芸術というものは、多くの人が思い違いしているような、有っても無くてもよいような代物ではありません。人間の魂にとって、なくてはならないものなのです。いわんや、他人にひけらかすための「教養」でもないし、空虚な生活を飾り立てるための「アクセサリー」でもありません。つまり、**芸術とは人間であるために「不可欠なもの」であって、決して「剰余として」身にまとうような贅沢品ではないのです。**

真の藝術家は藝術の条件のもとで人生をわれわれに見せてくれるのであって、人生の形式の中で藝術を見せるのではない。

（同前）

この「人生の形式の中で藝術を見せるのではない」というワイルドの言葉は、なかなか難しい表現ではありますが、とても大切なことを言っていると思います。

つまり、芸術というものは、無難な人生を彩《いろど》る「習い事」や「趣味」でもなければ、単に生業《なりわい》にするための技能でもない。社会適応するだけの人生に飽きたらず、人間の深層に向き合い、そこから湧き上がってくる「真実」の表現。それこそが芸術なのだ。ワイルドは、「アクセサリー」的に芸術を身にまとうスノッブたちに向けて、痛烈な警句でそう言いたかったのです。

『みだれ髪』で有名な歌人・与謝野晶子も、こんな文章を残しています。

芸術の無い所に決して真実の花は咲きません。真実に生きようとする自覚が深ければ、人は屹度《きつと》芸術にまで行きます。其処《そこ》にだけ真実を見る窓が開かれて居ります。そうして、真実とは愛の最も偉大なるものであることが解ります。

（『愛、理性及び勇気』「真実の力」より　与謝野晶子著）

これまで、人が人らしく生きるということは、人生や世界に向かって「意味」を求めるベクトルを出すことだと述べてきました。このベクトルとは、私たちの「心」が発する「愛」の作用だと言うこともできるでしょう。

つまり**「愛」とは、単に他の人に向かうものだけを指すのではなく、世界の様々な物事や人生そのものにも向けられるもので、対象に潜む本質を深く知ろうとしたり、深く味わおうとしたりするものです。**このように好奇心に満ちた、無邪気な子供のような性質。それも「愛」というものの大切な側面なのです。

「愛」が働く時、私たちは対象を深く見つめ、耳を澄まし、そこに潜む本質を感じ取ろうとします。これによって物事に秘められた真実が、見つめる者、耳を澄ます者に、静かに開示されてきます。

その時、私たちに、あたかも対象と一体になったかのような至福の経験がもたらされます。「愛」の喜びとは、そのような経験です。

われわれ人間の「頭」は、そもそもは渾然《こんぜん》一体となっている自他を、「観察する者」と「観察される対象」とに分ける働きがあります。そうして、本来は一元的である世界を自と他に分別《ふんべつ》して、二元論的世界に変えてしまいます。

もちろん、この「頭」の働きがあったおかげで、私たちは対象を認識したり、思考したりできるようになって、それを意のままに操作することさえ可能になったわけです。しかし私たちは、これによって世界との一体感を失ってしまったのです。つまり、世界を自分から切り離したつもりで、私たちがむしろ、世界から切り離されてしまったのだと言えるでしょう。「自分」という言葉の中の「分」という文字は、私たち人間が、そういう悲劇的な宿命を負っていることを静かに教えてくれているかのようにも思われます。

このように世界から切り離された私たちが、しかし、もう一度世界と一体であることを思い起こすことができる経験。再び一元的な世界に立ち戻ることができる経験。それを「愛」の経験と呼ぶのです。

私たちの「心」が、「頭」の分別を離れて「愛」を持って物事に向かう時、私たちは、必ずや対象に「美」を見出し、また、そこに何がしかの「真理」があることを直観します。

私たちが生きることに「意味」を感じる瞬間とは、このように「愛」の経験によってもたらされるものなのです。

美の先には真理がある

さて、人が何かに「美」を感じるとは、どういうことなのでしょう。

ルーマニア生まれの指揮者セルジュ・チェリビダッケは、商業化する音楽界の風潮に流されることなく、妥協のない音楽作りを行うことで定評のあった、稀有《けう》な芸術家でした。

このチェリビダッケの活動を記録した『YOU DON'T DO ANYTHING――YOU LET IT EVOLVE』というドキュメントフィルムが残されていますが、このフィルムの中で、チェリビダッケは次のようなことを語っています。


「芸術は美しい」という考えは、ずいぶん前に捨て去りました。

美しさなしには、誰も芸術を追求しないでしょう。でも美しさが最終目標ではないのです。

美しさは……「おとり」だ。しかし美しさなしには、その背後にあるものに到達しないでしょう。

シラーが言ったように、美しさに到達した人は、皆、その背後に、真理が隠されていることに気づくでしょう。

真理とは何でしょう？　それは思考を通じて得られるが、それ以上は定義できない。真理とは経験するものなのです。

彼は、「美」というものが言わば「おとり」となって人を惹きつけ、そしてその奥にある「真理」を「経験」させてくれるのだ、と言っています。しかし、ここで彼の言う「おとり」とは、決して否定的な意味合いのものではなく、私たちを大切な「真理」に引き寄せてくれる目印であるというニュアンスです。つまり、「美」そのものが究極の目的なのではなく、あくまで、その先にある「真理」に触れることこそが大切なのだ。そういうことをチェリビダッケは言おうとしているわけです。

では、「美」の先にある「真理」とは一体、どんなものなのでしょうか。

彼は、かつてある聴衆から、「Es ist so! その通りでした！」と言われたことが、これまでの中で最も嬉しい感想だった、と語っています。ここに、「真理」とは何かを考える重要な手がかりがあると思います。

この聴衆は、その時初めてチェリビダッケの演奏を耳にしたはずなのに、何かあらかじめ知っていたような不思議な感動を覚えたのでした。既視感という言葉をもじるならば、既聴感とでも言うべき感じに包まれたのです。

つまり「その通り」というのは、「この曲はこう奏でられるべきである」というその音楽の持っている本質、それが見事に表現されていたと感じたことを言っているのです。そして、チェリビダッケ自身も、そのような表現を目指して演奏をしていた。だからこそ、彼はこの言葉の意味するところを理解し、最高の賛辞として受け取ったのです。

前々項でも触れましたが、ニーチェは人間の最も成熟した姿を「小児」の象徴で捉え、そのキーワードは「然り」という言葉でした。この「然り」とは、まさに「その通り」という意味です。補足すれば、「小児」の発する「然り」という言葉は、原語では「Ja」となっています。これは、英語では「Yes」となります。「Yes」は「That's it!」というニュアンスで用いられますが、ドイツ語においても同様で、「Ja」は「Es ist so!」と同じ含意なのです。

しかし残念ながら、必ずしも世の芸術家すべてが、このように表現行為の本質を理解しているわけではありません。

主体が十分には育っておらず、ただ教わってきたことを上手に行っただけの「表現以前」の段階のものや、表現行為を「自己表現」だと思い違いしているようなものも、残念ながら少なくないからです。

仏道をならふといふは、自己をならふ也。自己をならふといふは、自己をわするゝなり。自己をわするゝといふは、万法に証せらるゝなり。自己の身心《しんじん》および他己の身心をして脱落せしむるなり。悟迹《ごしやく》の休歇《きゆうけつ》なるあり、休歇なる悟迹を長々《ちようちよう》出《しゆつ》ならしむ。

（『正法眼蔵』第一「現成公案」より　道元著）

これは、曹洞宗の開祖となった道元禅師の残した有名な言葉ですが、「仏道の修行とは、自分自身を知ることである。自分自身を知るというのは、自分を忘れることである。自分を忘れるというのは、万物の法則に従うことである。万物の法則に従うというのは、自己意識や自他の区別を捨てることである。そして悟りを得た痕跡などどこにも残さずに、その在り方を永続的に続けることである」という意味です。

「自己表現」というものは、あくまで「自己」というところに意識が留まっている段階のもので、未だ普遍的な「真実」にまでは至っていない。つまり、それがどのような見かけをとっているとしても、その内実は他者からの評価を得ることが主たる目的の、ちっぽけなエゴの示威行為に過ぎないものであって、神経症的な段階に留まっているものです。

しかし、そのような水準のものが巷に溢れ、そういったものの方がかえって有名であることも少なくないのは、なぜでしょうか。

受け取る聴衆や観衆の側にも、ある種の成熟が求められるのが芸術というものの宿命です。料理やお酒などでも、それがいくら上質で微妙な味わいを持つものであっても、味わう側の味覚が成熟していなければ、どぎつかったりわかりやすいものの方が、むしろ「美味しい」と評価されてしまうことがあります。事情はそれとまったく同じことです。

自分の中に借り物ではない真の審美眼が育っていなければ、世評や広告宣伝に煽られてしまい、「よくわからないけど、有名なんだからきっとすごいのだろう」などと「頭」の判断に惑わされ、拍手喝采をしてしまうかもしれません。また芸術に単に娯楽や慰めを求めるような人々は、口当たりの良い迎合的なものやルックスの良さなどの副次的要素に幻惑されてしまうかもしれません。

また、「感動」と「感心」の区別がついておらず、「すごいテクニックだ」とか「ハンディキャップがあるのに（あるいは、まだ幼いのに）よくできるものだ」といった、表現そのものではない要素に引きずられて、それを「感動」と錯覚している受け手も案外少なくありません。

つまり、そこに成熟した精神が備えられていなければ、人は本物と偽物の見分けがつかないでしょうし、ましてや、その先の「真実」に目を向けることも難しくなってしまうのです。

愛好家《ディレッタント》の耐えられない軽さ

「おれの曲に拍手する奴らを機銃掃射で
ひとり残らずぶっ殺してやりたい」と酔っぱらって作曲家は言うのだ
彼の甘美な旋律の余韻のうちに息絶える幸せな聴衆は
決して彼を理解しないだろう
だがぼくには分かる
自分が生み出したものの無意味に耐えるために

暴力の幻に頼ろうとする彼の気持ちが
ぼくらが創造と破壊の区別のつかない時代に生きているということが
八月十四日
（『世間知ラズ』「北軽井沢日録」より　谷川俊太郎著）

谷川俊太郎氏は、友人の作曲家・武満徹氏が酔って思わず漏らした聴衆への苛立ちを、このように詩に残しています。

この過激ともとれる武満氏の発言からは、取り澄ました演奏会では決して見えてこないある重要な真実、つまり、創造し表現する者と聴衆との間に横たわる決定的な意識のギャップが見えてきます。

自分の作品を教養やアクセサリーとして捉え、その上澄みの美しい響きだけをつまみ食いし、上品そうな微笑みで拍手するスノッブな聴衆の軽さ。その軽さが、彼にはどうにも耐え難かったのだろうと思います。きっと谷川氏もジャンルは違っても、同じく表現者として、似たような思いを抱いてきたに違いありません。だからこそ、このエピソードを詩の形で表現したのでしょう。

ところで、軽さと言えば、ミラン・クンデラの小説をもとにフィリップ・カウフマンが監督した映画で『存在の耐えられない軽さ』という作品がありますが、この物語のクライマックスでは、主人公トマシュに対してパートナーのテレーザが「人生は私にはとても重いのに、あなたにはごく軽いのね。私、その軽さに耐えられないの」と三行半《みくだりはん》を突きつけ、亡命先からひとり故国に帰ってしまうという場面があります。このセリフにも端的に表されているように、軽さというものは、そうでない人間にとっては、実に耐え難いものです。

生きることの「意味」を真摯に問う人間にとって、「メシが食えなければ始まらないだろう」とか「とにかく働け」といった言説がその軽さゆえに耐え難いように、「芸術」の中に「真理」や「真実」を求める者にとっては、安易な娯楽性や鼻持ちならないスノビズム、狡猾な商業主義などに支えられた「芸術もどき」等々は、やはりその軽さゆえに耐え難いものなのです。

フランス象徴主義の画家ルドンは、次のような言葉を残しています。


私は自分なりに一つの芸術を作りました。それは眼に見える世界の、不思議にも美しいものの上に眼を開いて、自然の法則、生の法則に、ひたすら従うことに努めて作ったものです。人はそうではないようなことをいいますが……

また美の信仰を私に与えてくれた巨匠たちへの愛が作らせたものでもあります。芸術とは、救いをもたらすもの、神聖なもの、最高の影響を人に与えるものです。花をひらかせるものです。芸術愛好家にとって、芸術は魅力があるというだけのものですが、芸術家にとっては、苦痛を伴うものであり、新しく蒔く種です。私は、かくれた法則に素直に従って、よくも悪くも、私にできるものを、私の夢のままに、自分のすべてをそこに注いで作ったと信じています。それが他の人たちの芸術とは違うものになったとしても（そんなことはないと思いますが）、それを受け入れる人ができて、時とともに減らなかったこと、さらにそれが尊い友情、恩恵とまでなったことを思うと、よくも報われたものだと感じます。

（『ルドン　私自身に』「芸術家のうちあけ話」より　オディロン・ルドン著　池辺一郎訳）

つまり芸術家として生きるということは、芸術愛好家のように上澄みの心地よさや美しさだけを求めるようなものではない。それがたとえ苦痛を伴うことだとしても「かくれた法則」、つまり「自然の法則」「生の法則」に従うことなのだ、とルドンは言っているのです。

このルドンの言う「かくれた法則」こそ、「美」に導かれて芸術家が追い求める「真理」「真実」そのものに違いありません。

この**「真理」の一端が表現されている芸術に出会った時、私たちの中には「その通り！」と言うべき強い共鳴や共感が引き起こされます。**これこそが、私たちが芸術に触れて「最高の影響」を受けるということ、すなわち「感動」と呼ばれている経験の正体なのであり、人間に欠かせないものとしての芸術の「意味」なのです。

「真理」を探求する学問の一つである数学の分野において、世界的な功績を残した岡潔氏は、「数学は情緒（心）だ」と喝破し、数学と芸術は通底するものであると述べました。

そして、次のように「真善美」すなわち「真理」のことについても触れています。

> 理想とか、その内容である真善美は、私には理性の世界のものではなく、ただ実在感としてこの世界と交渉を持つもののように思われる。芥川龍之介はそれを「悠久なものの影」ということばでいいあらわしている。〈中略〉
> 理想はおそろしくひきつける力を持っており、見たことがないのに知っているよう

な気持になる。それは、見たことのない母を探し求めている子が、他の人を見てもこれは違うとすぐ気がつくのに似ている。だから基調になっているのは「なつかしい」という情操だといえよう。これは違うとすぐ気がつくのは理想の目によって見るからよく見えるのである。そして理想の高さが気品の高さになるのである。

（『春宵十話』「情操と智力の光」より　岡潔著）

ここで「悠久なもの」と言われているのは、万物の法則つまり「万法」のことでもあります。つまり、「悠久なものの影」として「美」や「真理」を捉えるということは、道元によって「万法に証せらるゝ」と言われていたことに相当するものです。

そして、そのようなものとして「美」や「真実」に触れた時、私たちの中に湧き上がってくる「なつかしい」という情操。これが深い「感動」を生み出すことになります。そして、「Es ist so!」や「然り」という感嘆が、その瞬間に発せられる。**私たち人間が、真「芸術」に触れて感じる喜びは、私たちの魂がかつて知っていた「悠久なもの」との再会の喜びであり、「孤独」を生きなければならないという宿命を負った生き物同士に交わされる、魂の対話の歓びなのです。**

第5章 生きることを味わうために

日常に「遊び」を取り戻す

「生きる意味」とは、何かを得たり達成したりすることによって感じられるものではなく、人生に「意味を問う」ベクトルを向け続けることによって感じられるものである、と第3章で述べましたが、さて、それは具体的にどういうことを指すのでしょうか。

もしそれが、何か特別なことをしなければ得られない感覚なのだとしたら、私たちの時間のほとんどを占める「日常」は、「生きる意味」の感じられない殺伐としたものに成り下がってしまいます。だからこそ、私たちはこの何でもない「日常」そのものに注目しなければならないと思います。つまり、**何でもないように見える「日常」こそが、私たちが「生きる意味」を感じるための重要な鍵を握っているのです。**

「日常」を死んだ時間として過ごしてしまうと、その退屈で苦痛な時間を耐えしのぶために感性を硬直化させることになってしまい、ある時にたとえ素晴らしい非日常的体験を得たとしても、もはやそこに十分な喜びを感じ取ることさえできなくなってしまうでしょう。

しかしそもそも、私たちがこんな風に「日常／非日常」を区別していること自体が問題なのかもしれません。私たちは「日常」という言葉に、ついつい「ルーチンでつまらない時間」というニュアンスを込めてしまいがちなのですから。

そこでまずは、この色あせたニュアンスをまとった「日常」というものをいかに非日常化して、区別なく味わい深いものにできるか。つまり、人生の時間を丸ごと「遊ぶ」ことができるかが、問われてくるのです。

前章でも触れましたが、ニーチェは人間の最も成熟した在り方を「小児」という象徴で語りました。この「小児」とは「創造という遊戯」に満ちた存在です。創造こそが最高の遊戯であり、「遊ぶ」とはすなわち創造的であることです。物事を深く「味わう」ためには、その物事に向かって「小児」のように創造的に「遊ぶ」ことが大切なのです。

芸術家は人生についての考え方を世界に教えている。金だけが大事だと信じている人は、自分を欺いている。芸術家が教えているのは、小さな子供が無心で遊ぶように、人生も熱中して遊ぶべきだということである。ただし、それは成熟した遊びである。人の頭脳を駆使した遊びである。それが芸術であり、革新である。

人生を味わうのは容易なことではない。ある人は、稼がなければならないという

——だが、なんのために？　人はなんのために生きるのか？　まるで、ほとんどの人が生計の資《もと》を得るためだけに生きていて、ほかには何にもできないかのようだ。ゴールのないレースで先を争っている自動車。使うあてがないのに、ひたすら増やすだけの金。無目的なままの「快楽」の追求。どれも人の内面とは関係がなく、すべて表面的なものばかりだ。

（『アート・スピリット』より　ロバート・ヘンライ著　野中邦子訳）

このロバート・ヘンライはアメリカの画家で美術教師でもあった人ですが、彼の残したこれらの言葉は、のちの多くのアーティストにとって、生き方の重要な指針となりました。

ここで述べられている「人生も熱中して遊ぶべきだ」ということ、しかもそれは「成熟した遊び」であるべきだということ。これを体現しているのが真の芸術家である、とヘンライは言っているわけですが、この『アート・スピリット』の精神は、芸術を生業にしている人のみならず、あらゆる人間にとって欠かせないものだと思います。

しかし、私たちの周りには、未だに勤勉で禁欲的であることを美徳とするマゾヒスティックな精神風土が根強く残っています。

ハングリー・モチベーションの時代には、人々が生き延びていくために一定の役割を果たしたであろうこの美徳は、残念ながら、今日ではむしろ私たちの生をむしばみ、生きる意味を喪失させる大きな原因になってしまっています。

人生を「味わう」ことが、どこか背徳的なことであるかのように見なされ、せいぜい、「労働」という苦役を果たした後に、やっと「ご褒美」でわずかに許されるものと捉えられている実情が、未だに続いています。例えば、会社員が自分の仕事が終わったからといって自分だけ帰ることがはばかられたり、有給休暇を申請しづらかったりするようなことなどは、まさにその典型的な表れでしょう。

このように、ハングリー・モチベーションの季節が終わっても、そのメンタリティを引きずっているのは、言わば、真夏になっても厳寒の冬に役立った分厚いセーターを着込んで汗だくになっているようなものです。昨今、あちらこちらの職場で心身の不調でダウンする人が跡を絶たないのも、このような季節外れの禁欲的精神論が原因となって、多くの人が熱中症に陥っているようなものだと見ることができるかもしれません。

食という芸術

あらためて言うまでもなく、食事というものは私たちの「生きること」の大切な基本をなしているものです。しかし、もしこの食事が単なる栄養補給に留まって、そこに何らの「感動」もないのだとしたら、われわれの人生はすっかり味気ないものになってしまうでしょう。

実際、忙しい日々に追われて、食事がガソリン補給のごとき義務的なルーティンワークに成り下がってしまっているケースに、少なからずお目にかかります。これは、単に食事だけが問題なのではありません。食への態度は、その人の人生への態度を反映しているものなので、もし食事が仕方なしにこなす義務のようになっているとすれば、それはすなわち、生き方自体が「仕方なしにこなす」ようなものになっていることを表していると考えられるのです。

またこれとは別に、巷にはびこる栄養学的知識に翻弄されて「これは身体に良い」とか「身体に悪い」とか考えて食べ物を選んだり、様々な健康法や健康食品などを信奉して、何かを「毎日続ける」ようにしているといったことにも問題があります。このような食べ方は言わば「頭」で食べているようなものであって、内なる自然である「心＝身体」の声である食欲を無視した、かなり不自然な状態に陥っていると言えるのです。

「○○という成分が身体に良い」といった研究結果は、それ自体間違いではないでしょうが、そもそも人類が長い歴史の中で自然界から食物として得てきたあらゆるものは、何らかの意味において「身体に良い」ものであると言えるはずです。むしろ、「身体に良いから」といって何かを偏って多量に摂り続けることの方が不自然で、かえって有害な結果をもたらしかねません。

人間の「心＝身体」というものは、生来、見事な秩序と知恵を兼ね備えているものであり、その時に必要な栄養を「食欲」という形で自分自身に知らしめ、これを見事なバランスで摂るよう促してくれます。

この自然な摂理を無視して、発展途上に過ぎない医学や栄養学などの知識を盲信することは、とても危険なことだと言えるでしょう。なぜなら、不完全で誤謬《ごびゅう》に満ちた知識によって「心＝身体」を徒《いたずら》に操作することは、いずれ何らかの形で内部からの反発を引き起こす結果を招くものだからです。皮肉にも健康法の提唱者が案外早死にしてしまう例が珍しくないのは、このような理由によるものではないかと考えられます。

このように食事というものは、なるべく内なる自然に従ったものであることが望ましいわけですが、それは何を食べるかということのみならず、何をどう作るかについても、同じように考えてみる必要のあることだと思います。

料理研究家の辰巳芳子さんは、「料理はものの本質と向き合うことである」という基本思想を折々に提唱されている方ですが、ともすると厄介な義務と捉えられがちな日々の料理という行為について、その奥深い意義を次のように述べています。


なぜ、料理をすると自分の存在を掘り下げやすいか。

きちんとつくるべきようにつくるには、まず、ものの本質と向き合わなければならないからです。その次には、ものとものごとの法則を見つけていく、ものとものごとの法則とつき合っていく、従っていくことが必要になる。

「理をはかる」と書くように、料理には法則があります。だから、その過程でやっぱりわかっていくんですね。そして答えはすぐに「味」になって返ってくる。

自然を手のうちに扱い、ものの本質と向き合い、ものとものごとの法則に従っていく。従わせていく。こうすることで否応なく自我が落ちていくのです。道元が禅寺の作務に料理を、典座《てんぞ》の仕事を重大視したのは、この理由によると考えます。

（『食の位置づけ〜そのはじまり〜』「料理はものの本質と向き合うこと」より　辰巳芳子著）

音楽において「美」がおとりであったように、食においては「美味しい」ということや見た目にも「美しい」といったことが、その料理が本質を捉えているかどうかの、大事な目安になるわけです。

日常の手間をできるだけ省く、買ったもので間に合わせようとすることへの、本当の意味での歯止めとは、人間にとって食とは何かということから考えることなのです。それはただ単に身体的な、栄養的な問題ではありません。食とは何かを考え、どのように食べるかということを考えることは、人間としての魂をいかに育てるかということと深くつながっているのです。そこまで考えなくてはいけない。

食とは呼吸と等しく、生命の仕組みに組み込まれているものです。これは厳然たる事実です。ですからそれに抗ったり、即して歩かないと、自然律に反してしまう。その結果、ある日、足元から崩れるのです。

（『味覚旬月』「『年中行事』ということ」より　辰巳芳子著）

精神療法の面接を重ねていくと、クライアントは苦悩や症状が緩和されていくにつれて、生活の様々な局面で合理性や利便性など「量」に偏っていた価値観に変化が起こるようになってきます。それまでとらわれていた「量」的な価値観から「質」の大切さへと目が開かれ、「ぞんざいなもの」や「おざなりなもの」が身の回りに溢れていることに気付くようになり、それらを一掃せずにはいられなくなったりします。そして、料理や食事のみならず、日常のすべてを丁寧に味わうようになっていくのです。

実際、それまで料理などまったく経験のなかった男性のクライアントであっても、「食」に対する感覚が鋭敏に働き出し、ただ受身的に食べることでは飽き足らなくなって、自分なりのやり方で少しずつ料理を試みるようになっていくことも珍しくありません。

何かに対して深く関心を抱くということは、幼い子供のように、そのものの性質を知りたがり、そのカラクリを明らかにしたいと願い、最終的にはそれを自分で作り出したりしたくなるものです。これぞまさに「小児」が「熱中して遊ぶ」姿であり、生きることを「味わう」ことなのです。

料理という行為は、私たちの日常生活の中で最も身近な表現行為であり、何と言っても文字通り「味わう」ことのできる、直接的で楽しい「芸術」なのです。

「遊び」を生み出す真の知性

「味わう」ということは、私たちの内なる自然である「心＝身体」が担っています。一方、それを妨げがちなのが「頭」です。

「頭」はコンピューターのように計算や情報処理を行う場所で、自然原理とはまったく異なる働きをします。よって、これが優勢になってしまうと、内なる自然である「心＝身体」が抑え込まれてしまいます。このように、人間という動物は他の動物と違って、「頭」という非自然を併せ持っているという点で、とても特殊な動物です。

しかし、この非自然である「頭」があるからこそ人間なのであり、物事をただ「味わう」ことでは飽き足らずに「意味」まで求めてしまうのも、そのような存在だからなのです。つまり、「味わう」ところまでは「心＝身体」が行うけれども、「意味」を感じるとなると、どうしても「頭」との協働が必要になってくるわけです。

「心＝身体」が感じ取った感覚を「頭」がありのままに受け取って、それをもとに様々な好奇心を発動させたり、抽象化や概念化を行って、そこから普遍的真理を抽出したりすること。これが「意味」が析出してくるプロセスです。

ともすれば「心＝身体」を抑え込み支配的に振る舞いがちな「頭」なのですが、このように協働的な「頭」の用い方ができた時、そこに至福の喜びが訪れます。古代ギリシヤ人が「観照生活」を最も人間らしい過ごし方と考えたのは、そのためでもありました。

このように「頭」と「心＝身体」が対立せずに、互いが相乗的に喜び合っている状態。

これを、私たちは「遊び」と呼ぶのです。

……いろいろなミューズの顕現のように、自分の内なる子どもは、その人の内なる知の声です。この知の最初の言語が〈遊び《プレイ》〉です。この視点から、精神科医のドナルド・ウィニコットは、精神の癒しの目的を、「患者を、遊べない状態から遊べる状態にすること……個々の子どもや人が、創造的になり、個性全体を使うことができるのは遊ぶことであり、それが唯一の方法なのです。そして個人がその自己を発見するのは、創造的であることにおいてのみなのです」と明確化させています。

（『フリープレイ』より　スティーヴン・ナハマノヴィッチ著　若尾裕訳）

私たちを「遊び」から遠ざけているもの

もちろん、誰しも幼い子供時代には、自然に「遊び」に夢中になっていたはずなのですが、それがどうして、こんなにも縁遠いものになってしまったのでしょう。

それは、現代という時代に蔓延する、ある種の価値観が大きく関係しているのではないかと考えられます。

まずは、物事の「質」を「量」に還元してしまう貨幣経済というものが、私たちの世界を動かす支配的な価値観になってしまったことが挙げられるでしょう。

お金というツールはそもそも、物々交換の不便さを解消するものとして登場し、あらゆるものを「量」に還元して交換、つまり取引を可能にしました。「質」の異なる様々なものをすべて「量」に置き換えてしまうということは、本来は暫定的・便宜的なことであって、そこに無理があるのは当然です。

昔は、人々がその辺の事情をわきまえていたせいか、ひたすらお金に執着するような振る舞いは「はしたないこと」と見なされ、そのような人間に対して「守銭奴」という蔑称も用いられたほど、ある種の美学や矜持《きょうじ》が力を持っていました。そのために経済原理は、今日ほど絶対的な地位を占めることはありませんでした。

しかし、いつの間にか、経済原理が世の中を動かす中心的な力を持つようになってしまい、人々は、「質」の大切さを犠牲にしてまでも経済価値を追い求めるようになってしまいました。その結果、様々な物事に対しても、プロセスよりも結果の方を重視するような考え方が、広く世の中に蔓延するようになったのです。

さらにこの「量」的に傾斜した価値観は、物事に最大限の効率を求めるようになり、ロジカルな戦略を立てて物事に取り組むスタイルを生み出しました。明確な目標設定、その実現可能性やリスクはどの程度で、勝算はどの程度見込めるのか、それに投入するコストはどこまで最小限にできるのか等々、人間の「頭」の算術的なシミュレーション機能を過大に評価した考え方が、子供の勉強から大人のビジネスまで、果ては「ライフプランニング」という言葉も登場するほどに、人生のあらゆる局面までも支配するようになってしまったのです。

この一見合理的に思える方法論には、致命的な欠陥があります。

先ほども述べたように「質」は「量」に還元できないという基本的な問題を抱えているのみならず、「頭」の行うシミュレーションは単純な算術のレベルに留まるものであって、人間や社会、さらには人生や運命などという「複雑系」のことにはまったく歯が立たないものなのです。

株価や為替の変動が、いくらコンピューターを駆使しても予測通りにはいかないこと。スーパーコンピューターを駆使して行われる天気予報ですら、未だに「60%の確率で雨が降るでしょう」といった結論しか弾《はじ》き出せないことを見れば、算術的思考の限界は明らかです。雨は決して、60%降ったりするものではなく、ただ降るか降らないかなのですから。

ちなみに量子力学では、すでに前世紀に不確定性原理ということが言われるようになって、いわゆる算術的な世界観というものは、ある限定された範囲においてしか成り立ち得ないことが知られるようになりました。科学の根本に据えられている算術的思考は、それを追求した果てに、自らの思考法の限界を認識せざるを得なくなったということです。

しかしながら、このような効率主義を含む合目的的な思考は、ビジネスのみならず現代人の思考全般にすっかり浸透していて、私たちはどんな小さな選択であっても「それは何の役に立つのか？」「それは損なのか得なのか？」「コストパフォーマンスはどうなのか？」「期待する結果が得られる保証はあるのか？」「メリットとデメリットはどうなっている？」「どんなリスクがどの程度の確率で起こり得るのか？」といったことを考える癖がついてしまいました。そして、「結局」「所詮」「面倒臭い」といった言葉が乱発されるようになり、「どうせ同じ結果が得られるのなら、余計なことや無駄なことはしないのが賢明だ」と考えるようになってしまったのです。

ところが、そもそも「遊び」というものは「無駄」の上にこそ成り立つのであって、その「結果」はあくまで二次的に過ぎないもので、「プロセス」のところにこそ面白味があるものです。ですから、今日の合目的的な思考に偏ったメンタリティでは、およそ「遊び」など入り込む余地はないでしょう。そして人生そのものも、人に自慢できる「意義」を勲章のように集めるばかりで、肝心な「意味」は感じられないという、空疎なものになってしまうのではないでしょうか。

みなさま、一度お考えください。わたしたち現代人がどれくらいこの世界から美しい魔法のベールを奪い取ってしまったか、謎に満ちたものや不思議や奇跡を奪ってしまったか、この世界を理知的な説明で駄目にしてしまったかを。〈中略〉

みなさま、このような世界観のみじめさとつまらなさを、どうか実際に目にうかべてください。少なくともわたしには、このような世界像を真実のすべてだと思う人間が、特に若者たちが、ほんのちょっとした人生の問題で自殺したり、あるいは麻薬や薬物乱用で自身を破滅させたりしても、不思議ではありません。このような世界像からは、もはや倫理的、宗教的、美的価値をみちびきだすことはできません。すべては、極めて副次的な人生の役割すら、このような見方のなかでは無意味だし、茶番にすぎないのです。

このような世界観に対して、別な世界観をうちたてねばなりません。世界にはその聖なる秘密を、人間にはその尊厳をとりもどしてくれる世界観です。この課題では芸術家や詩人や作家が大切な役目をはたすことでしょう。芸術家や詩人や作家の仕事とは、生に不思議な魅力や秘密を与えることだからです。

（『エンデのメモ箱』「永遠に幼きものについて」より　ミヒャエル・エンデ著　田村都志夫訳）

生活を「遊ぶ」ための工夫

これまで述べてきたように、私たちが「遊び」から遠ざけられてしまうのは、すべて「頭」の働きによるものでした。しかし、私たちはこの「頭」をなくすことはできませんし、何度も述べたように「頭」あってこその人間でもあるわけですから、この「頭」とどう付き合ったらよいかを考えてみる必要があります。

そこで、この「頭」の縛りをいかにしてうまくかわすことができるか、ということについて考えてみましょう。

まず、**「頭」の計画性や合理性を回避するためには、その対極にある「即興」という概念を積極的に用いてみることがとても有効な方法です。**このキーワードを「頭」に置いて日常を過ごしてみると、何でもない事柄が、実にスリリングなものに変貌していくのです。

例えば、ある休日にどこかに出かけたくなったとしましょう。ところが、格別どこかに行きたいというアイディアも浮かばない。そんな時には、すべてを「即興」に委ねて行動してみるわけです。

交差点に差しかかったら、どちらに進みたいかを「心＝身体」に聞いてみる。具体的には、足がどちらに一歩を進めるのか、車なら指がウインカーをどちらに出すか、つまり身体に委ねてしまうわけです。

そして、このようにして行き着いた場所でも、そこで「さあ、ここでどうやって楽しむか？」というお題が出たと考える。このようにして、外出を「即興」的に楽しんでみるのです。あらかじめ情報収集して出かけるのと違って、かなり思考の瞬発力を必要とされることが実感されるはずです。つまり、これは子供時代に経験もしくは夢想した、あの「探検」に相当する「遊び」なのです。

スーパーに食材を買いに行く時にも、同じく「即興」的にやってみると、料理が格段に面白くなってきます。献立など何も決めずに、まずは店内を巡回してみるのです。何か目を引く食材があったら、それを買い物カゴに入れていく。その結果、カゴに入った食材を見て、「さて、この食材で何を作るか?」というお題が出たとして料理を考えるのです。

最近は、ネットで簡単にレシピを検索することができる時代になりましたが、ここでもグッとこらえてなるべくレシピを見たりせず、その食材からイメージする料理を、自分で試行錯誤しながら作ってみるのです。冷蔵庫にある余り物の食材を用いる場合でも、同様に「即興」で料理を考えてみるのです。これにより、ついつい義務的に感じがちな日々の料理が、きっとクリエイティブな「遊び」に変わることでしょう。

書店に行く時も同じです。特に何を買うのかを決めずに、ウロウロと店内を巡回してみます。普段は自分には関係がないと思って近づかないようなコーナーであっても、時間に余裕がある時には巡回してみます。そして、何となく気になった本を手に取って、パラパラと眺めてみる。そこに、予想もしなかった本との出会いが待っているかもしれません。

しかし、本を買ったからといって、すぐに読まなければならないと考える必要はありません。いわゆる「積ん読」になったとしても一向に構わない。まずは自分の本棚にその本があるだけでも、十分に意味があるのです。それは五年後か十年後かもしれませんが、ある日ふと、偶然その本を手に取るタイミングが訪れる。これも、その本が自分の本棚にあったからこそ可能なことなのです。人がある本と関わる因縁は、そのようないくつもの偶然によってもたらされる、曖昧で不思議なものなのです。

　このように、**あえて無計画、無目的に、自分の行動を「即興」に委ねてみることによって、私たちの決まりきった日常が、ささやかながらもエキサイティングな発見と創意工夫に満ちたものに変貌するわけです。これを私は「偶然に身を開く」と呼んでいます。**

　さて、この「即興性」に加えてもう一つ大切なこととして、**「面倒臭い」と感じることを、むしろ積極的に歓迎してみるという考え方があります。**

「頭」には、そもそも効率よく結果を得ようとするせっかちな性質があって、「面倒臭い」という感覚はここから生じてきます。勘違いされることが多いのですが、この「面倒臭い」という感覚は「心」の声ではなくて、「頭」由来のものなのです。

　ですから、私たちがこの「頭」の効率主義由来の「面倒臭い」に惑わされないために、あえて逆に「手間暇かかる分、いい暇潰しになる」「すぐにできないところが面白い」と考えてみるわけです。

例えば、普段使っているだしの素やだしパックを離れて、わざわざ花がつおとだし昆布を使って、きちんと一番だしや二番だしをとってみるのです。その味や香りの違いは実に明らかで、一流の料亭に匹敵するような香り高いだし汁を口にした時の感動は、私たちをとても幸せにしてくれるでしょう。

また、文字を書く時にも、普段はボールペンで書くかキーボードで打ち込むことがほとんどでしょうが、これをあえて、ゆっくり硯《すずり》で墨を摩《す》って、筆で何かを書いてみるようにするのです。しかし、そこでお手本だのお題だのといった堅苦しいことは考えない。何をどう書いてもよいのです。ただ自分の名前をゆっくり書いてみるだけでもこれが案外簡単ではないことに気付きます。

普段は何も考えずに書きなぐっている文字も、じっとその字と向き合って何度も書いてみると、その字が一体どういう形に書かれたがっているのかといったことが、不思議にも少しずつ感じられてくるのです。日常では、単なる記号として慌ただしく文字を用いているわけですが、だからこそあえて、この「面倒臭い」作業を行ってみるのです。

子供時代に憧れだった楽器を大人になって始めてみるのも、「面倒臭い」ことの極みなのですが、その分、なかなか面白いのではないかと思います。

まずは楽器を手に入れることも、どこでどんな風に選んだらよいかもわからない。やっと楽器を手に入れても、どうやって音を出すのかわからない。とにかくわからないことだらけです。しかしながら、やはり「すぐにはうまくいかない」というところが、とても良いわけです。

しかし、今からプロ奏者になろうというわけではありませんから「きちんと習わなければ」と考える必要もありません。あれこれ教本を買ってきても良し、ネットの動画で調べても良し。自分なりの試行錯誤で、ゆっくりできるようになればよいのです。そもそも、人生の暇潰しの「遊び」なのですから。

ちなみに、かつて私の知り合いだったあるフランス人は、「新しい楽器を作った」と言って、嬉しそうにそれを私に見せてくれたことがありました。なるほど、この私たちだって夏休みの自由研究のような遊び心で、どんな新作楽器を考案したって構わないわけです。自作の楽器ならば、自分が唯一の奏者で、簡単に第一人者になれるではありませんか。そう考えてみれば、既存のものを買って既存のメソッドで習熟することにとらわれる必要もないのです。

これはいろいろなことについて言えることですが、私たちは何かを始める際に、すぐにプロのところに習いに行くことを考えてしまいがちです。しかし、これをあえてしないのも、別段何の罪になるわけでもありませんから、「遊び」としては面白いのではないでしょうか。当たり前のことですが、どんなジャンルでも、少なくともその創始者は、何の教科書もなく指導者もない状況の下で、一から手探りで試行錯誤を重ねたはずなのです。

効率良く、早急に仕上がる結果を求めるのであれば、もちろん熟練した人に習った方が手っ取り早いのでしょうが、これこそが正に「頭」の発想にほかなりません。資格を求めたりプロになろうというのでもないならば、どんなに勝手に自己流で楽器を弾いたとしても、勝手なお花を生けても、自己流の書をしたためても、ちっとも構わないのです。自分自身で試行錯誤して、一つ一つ勘どころをつかみつつゆっくりと進んでいくことは、習ってできるようになるのとは一味違った、面白い経験になるのです。

「創造的遊戯」とは、こんな風に、自由で型破りなものです。「遊び」とは、子供のような「好奇心」と「創意工夫」によって生み出されるものですが、既存の制度の中で「習う」ことによって、効率的に上達はしても、「好奇心」自体があべこべに萎《しぼ》んでいってしまうようなことが、案外、少なくないのが実情なのではないでしょうか。

私たちは、もはや「何者かになる」必要などなく、ただひたすら何かと戯れてもよいのではないか。それこそが、「遊び」の真髄だと思います。

ちなみに、我が国には「継続は力なり」という格言が好まれ「三日坊主」を恥ずべきことと考えるようなストイックな価値観が根強くあります。しかし、この「ひとたび始めたのなら、続けて何ものかになるまで精進しなければならない」という考え方では、軽みのある「好奇心」や「遊び心」が萎縮してしまいかねません。

「心」の向くまま気の向くまま気軽にやってみる。気が向かなければやらない。「継続」などと堅苦しく考えたりせず、ただ壮大な人生の暇潰しとして「遊ぶ」のです。

「アリとキリギリス」再考

本書の最後に、イソップ物語の有名な「アリとキリギリス」という話について考えてみたいと思います。

私たちが子供時代に読んだ「アリとキリギリス」は、かなり原話からの変形を施されたものであることがわかっています。まず、元々のギリシャの原話では「セミとアリ」であったものが、北ヨーロッパにはセミがいなかったため、いつの間にかセミがキリギリスに置き換わって、それが十六世紀後半にイエズス会宣教師により日本に伝来し、仮名草子『伊曽保物語』として広く伝わるようになったという経緯があります。

まずは、そのギリシヤの原話がどうなっているか、見てみましょう。

冬の季節に蟻《アリ》たちが濡れた食糧を乾かしていました。蟬《セミ》が飢えて彼らに食物を求めました。蟻たちは彼に「なぜ夏にあなたも食糧を集めなかったのですか。」と言いました。と、彼は「暇がなかったんだよ、調子よく歌っていたんだよ。」と言いました。すると彼らはあざ笑って「いや、夏の季節に笛を吹いていたのなら、冬は踊りなさい。」と言いました。

この物語は、苦痛や危険に遇《あ》わぬためには、人はあらゆることにおいて不用意であってはならない、ということを明らかにしています。

（『イソップ寓話集』二三六「蟬と蟻たち」より 山本光雄訳）

イソップ物語にはこの他にも、よく似た内容で蟬ではなく甲虫《カブトムシ》が、やはり夏の間呑気に過ごしていたことを槍玉に挙げられる「蟻と甲虫」という話もあって、「こういう風に、盛んな折に将来のことを予め考えない人々は時節が変った折にひどく不幸な目に遇うものです。」という教訓がつけられています。

フランスでは、イソップ物語をもとにしたラ・フォンテーヌの『寓話』が広く知られていますが、そこでは「セミとアリ」というタイトルでこの「アリとキリギリス」の話が登場します。しかし、この寓話を子供に教え込むことについて、ルソーは代表作『エミール』の中で、次のように批判しています。

……つぎの寓話では、あなたがたは蟬の例を見て考えさせようとするのだが、そんなことはしないで、子どもは好んで蟻を見ならうことになる。人は他人に頭を下げることを好まない。子どもはいつも輝かしい役割を演じようとする。それは自尊心からくる選択で、ごく自然な選択だ。ところで、これは子どもにたいしてなんという恐ろしい教訓だろう。あらゆる怪物のなかでもっともいとわしい怪物は、けちんぼで情けしらずの子ども、他人が自分になにをもとめているかを知りながらそれを拒絶するような子どもだ。蟻はもっとひどいことをする。蟻は拒絶したうえに相手をあざわらうことを子どもに教えているのだ。

（『エミール（上）』第二編より　ルソー著　今野一雄訳）

子供たちが目にする子供向け絵本やディズニー版などでは、アリがセミに食料を分け与えてあげたりするように結末が改変されているものも少なくありません。そこでは、元々のアリの偏狭でケチな性格がすっかり隠蔽されて勤勉で計画的で堅実な存在に美化され、一方キリギリス（セミ）が、後先考えず遊興にふける愚かな存在として描かれるような傾向が強く認められます。私たちがこの「アリとキリギリス」で植えつけられているイメージは、まずほとんどこのような改変版によるものだと言ってよいでしょう。

しかし、イソップ物語をよく見てみますと「蟻」というタイトルで、アリがそもそも何者であったのかについて語られている、実に興味深い寓話が見つかります。

現在の蟻は昔は人間でした。そうして農業に専念しましたが、自分の労働の結果では満足しないで、他人のものにまで羨望の目を向けて始終隣人たちの果実を盗んでばかりいました。ゼウスは彼の慾張《よくば》りなのにお腹立ちになって、その姿を蟻と呼ばれているこの動物にお変えになりました。しかし彼はその姿を変えてもその気質は変えませんでした。というのは今日に到るまで彼は田畑を這《は》い廻って他人の小麦や大麦をかき集めて、自分のために蓄えるのですから。

この話は、生まれつき悪い人々は非常にひどく懲らしめられても、その性格を変えない、ということを明らかにしています。

（『イソップ寓話集』二四〇「蟻」より　山本光雄訳）

これは、アリが立派であるというイメージを植えつけられてきた私たちにとっては、実に身につまされる話になっています。しかし、そもそもの「蟬と蟻たち」のアリも、貪欲でケチな存在ではあったので、イソップ物語の中では決して矛盾しているわけではありません。

ご承知の通り、私たち日本人は勤勉や忍耐を美徳とし、後々に備えて貯蓄をすることを良しと考える傾向がことのほか強く、「アリとキリギリス」のアリのように生きるべきだと考える人が、圧倒的なマジョリティであろうと思われます。しかし実際のところ、アリのように、「今を生きること」を犠牲にしてせっせと貯め込んではみたものの、特にこれといった使い道はなく、結局のところ使い切れなかった遺産が、残された者たちの骨肉の相続争いの種になる。これは、われわれの身近にいくらでも存在する、かなりポピュラーな顚末《てんまつ》でしょう。

このようなアリ信仰は、禁欲的に労働して未来に備えることを過度に賛美し、その反作用として「今を生きる」「生きることを楽しむ」ことを良からぬこととして捉えるような、倒錯した価値観を生み出しました。「苦しいこと」「我慢すること」こそ正当なことで、「楽しむこと」「心地よいこと」は堕落だとして罪悪感を覚える。そういうメンタリティで窮屈な人生を送っている人は、今日でも決して少なくありません。

これは、生き物としてかなりおかしな状態であることは間違いありません。私たちに生来備えられている「快／不快」という感覚は、生き物としてどちらに進むべきかを示している基本原理なのであって、これをいちいち正反対にして受け取るというのは、奇妙で滑稽な状態だと言えるでしょう。精神的に追い詰められた人にしばしば見うけられる「自傷行為」や「自殺衝動」の背景には、案外このようなアリ信仰の倒錯した価値観が潜んでいると考えられるかもしれません。

さらに、このような倒錯した価値観の陰で、キリギリス（セミ）が象徴している芸術家のような存在が、何か不真面目なものであるかのように貶められてしまっていることも、実に大きな問題なのではないかと思います。

生きることを謳歌し、美に生きることが「労働」よりも下らないこととして扱われてしまうのだとしたら、それは人間性の大いなる堕落であり、虫レベル、つまり「アリ」のメンタリティが人間の人間らしさを嘲笑しているという、実に由々しき事態なのではないかと思うのです。

「今を生きること」を犠牲にして、その分何かを貯め込んで将来うまいことやってやろうといった卑しい「頭」の発想は、われわれの将来が未知であることの不安にうまくつけ込み、数々の金融商品や保険商品等を生み出しました。そういったものをすっかり否定するつもりはありませんが、しかし「今を生きること」をないがしろにしてまで将来に備えるのは、本末転倒以外の何物でもありません。

ここで今一度、あのアウシュビッツの門に掲げられていた標語「働けば自由になる」がいかに虚偽に満ちたものであったかを思い起こしましょう。さらにアリの哲学がいかに吝《りん》嗇《しょく》で、美に生きるキリギリス（セミ）を愚弄する卑しい心性によるものかを考えると、私たちはもう二度と、そのようなドグマに騙されて、**貴重な「人間らしい生」を犠牲にしてはならない**と思うのです。

私たちの日々の生を、倒錯した価値観から解放し、臆することなく堂々と美と喜びに満ちたものにして生きること。それが、「生きる意味」の感じられる人間らしい生なのです。

おわりに

一冊本を書き上げると、「もう書くべきことは何もない」という思いにとらわれることが多いのですが、前作を上梓《じょうし》した後も私はそんな風に感じ、しばらくはボンヤリと過ごしていました。しかし、日々のクライアントとの面接や自分自身の生活を通じて、知らず知らずのうちに自分の内部に澱《おり》のように溜まってくるものがあってどうしてもある時点で、それが何であるかを考えざるを得なくなってくるのです。

「生きる意味」について考えるという本書のテーマも、そんなところから生じてきた問題意識が出発点になっているのですが、しかし、いざ着手してみると、これは我ながらとんでもないテーマを選んでしまったものだと、書き進めるほどに痛感させられました。

何しろ考えなければならないことが、底なし沼のように途方もない。「意味」と「意義」の違いは何であるかとか、さらに「働くこと」や「遊ぶこと」、「芸術」の意味についても考えてみなければならない。気が遠くなりつつも、徹夜がきかなくなってきた身体に鞭打《むちう》って、予定より大幅に時間がかかってようやく今、現段階での考察をまとめ終えることができました。

最終章では、「お題が出た」と考えて物事にあたってみることの面白さを論じましたが、本書の場合は、実にとんでもない「お題が出た」というのが率直な感想なのです。

それでも、この機会に自分の中で言葉になっていなかったものが、ずいぶん整理されたように感じています。また、先人たちの思想を現代に生きる私たちの生々しい苦悩や困難につなげる作業も、ささやかながらできたのではないかと思っています。

とても大きな枠組みで言えば、もつれた糸を丁寧に解きほぐすような作業から、「希望」を語らなければならないという困難なミッションへと、私は今回、引きずり出されたように感じています。しかし、これはきっと、私個人にのみ求められた小さな流れなのではなく、現代を生きる私たちすべてに問いかけられているテーマなのではないかとも思うのです。

「ハングリー・モチベーション」の時代が終わりかけている今、かつてのどんな時代よりも「人間ならでは」の知恵と文化が必要になっていることは、間違いのないところだと思われます。私たちの国は、サブカルチャーにおいては世界をリードする勢いを持っているのですが、しかしカルチャーそのものについては、まだまだ十分とは言えない状況にあるように思います。

これから私たちは、真に憧れるものを持っていなければ進んでいけないような時代を生きていくことになるでしょう。そこで、憧れるに耐え得るほどのカルチャーを、私たちがこの先に生み出していけるかどうか。現代の虚無に押し潰されないためにも、これが私たちに求められている重要な課題ではないかと思うのです。

もはや、思想も芸術も自分を飾り立てるために用いられるべきではなく、それを食べて血肉にしなければ進んでいけないところにわれわれは差しかかっているのではないか。そんな思いが、本書を書き進める原動力になっていました。

いろいろと風呂敷を広げ過ぎた感もありますが、たとえ一文であっても、空虚感に満ちた現代を生きる皆さんのヒントになるところがあればと願っています。

最後に、本書は編集部の羽賀千恵さんの真っすぐな熱意によって誕生しました。遅々とした筆を辛抱強く見守っていただいたことに、心より感謝いたします。

二〇十六年十一月

泉谷閑示

著者略歴

泉谷閑示《いずみやかんじ》

一九六二年秋田県生まれ。東北大学医学部卒業。精神科医。東京医科歯科大学医学部附属病院、財団法人神経研究所附属晴和病院、新宿サザンスクエアクリニック院長等を経て、現在、精神療法を専門とする泉谷クリニック院長。九九年フランスに渡り、パリ・エコールノルマル音楽院に留学。パリ日本人学校教育相談員をつとめた。著書に『「普通がいい」という病』『反教育論』『クスリに頼らなくても「うつ」は治る』『「私」を生きるための言葉』等がある。

幻冬舎新書 446

仕事なんか生きがいにするな

生きる意味を再び考える

二〇一七年一月三十日 第一刷発行
二〇二五年五月 十 日 第九刷発行

著者 泉谷閑示

発行人 見城 徹
編集人 志儀保博
発行所 株式会社 幻冬舎
〒一五一-〇〇五一 東京都渋谷区千駄ヶ谷四-九-七
電話 〇三-五四一一-六二一一(編集)
〇三-五四一一-六二二二(営業)
公式HP https://www.gentosha.co.jp/
ブックデザイン 鈴木成一デザイン室
印刷・製本所 中央精版印刷株式会社

Printed in Japan ISBN978-4-344-98447-9 C0295
い-28-1

*この本に関するご意見・ご感想は、左記アンケートフォームからお寄せください。
https://www.gentosha.co.jp/e/

諸富祥彦
人生を半分あきらめて生きる

「人並みになれない自分」に焦り苦しむのはもうやめよう。現実に抗《あらが》わず、今できることに集中する。前に向かうエネルギーはそこから湧いてくる。心理カウンセラーによる逆説的人生論。

諸富祥彦
悩みぬく意味

生きることは悩むことだ。悩みから逃げず、きちんと悩める人にだけ濃密な人生はやってくる。苦悩する人々に寄り添い続ける心理カウンセラーが、味わい深く生きるための正しい悩み方を伝授する。

冷泉彰彦
トランプ大統領の衝撃

ドナルド・トランプが第45代アメリカ大統領に就任する。屈指のアメリカ・ウォッチャーが、世界中に大きな衝撃を与えた選挙戦を冷静に分析。新政権のリスクとチャンスを見極め日本の取るべき道を示す。

福澤徹三
自分に適した仕事がないと思ったら読む本　落ちこぼれの就職・転職術

拡大する賃金格差は、能力でも労働時間でもなく単に「入った企業の差」。この格差社会で「就職」をどうとらえ、どう活かすべきか？　マニュアル的発想に頼らない、親子で考える就職哲学。

幻冬舎新書

小島貴子
働く意味

働く意味がわからない、正社員として働くメリットがわからないなど、若者たちは大人には理解できない悩みで苦しんでいる。そんな「働く悩み」にカリスマ・キャリアカウンセラーが答える。親や上司必読の書。

プラユキ・ナラテボー　魚川祐司
悟らなくたって、いいじゃないか
普通の人のための仏教・瞑想入門

出家したくない、欲望を捨てたくない、悟りも目指したくない「普通の人」は、人生の「苦」から逃れられないのか？　「普通の人」の生活にブッダの教えはどう役立つのか？　仏教の本質に迫るスリリングな対話。

曽野綾子
人間にとって成熟とは何か

年を取る度に人生がおもしろくなる人と不平不満だけが募る人がいる。両者の違いは何か。「憎む相手からも人は学べる」「諦めることも一つの成熟」等々、後悔しない生き方のヒントが得られる一冊。

岡田尊司
ストレスと適応障害
つらい時期を乗り越える技術

「適応障害」は環境の変化になじめなかったり、対人関係がうまくいかずに生じる心のトラブル。どうすれば改善するのか？　すぐに実践できる方法を、百戦錬磨の専門医がわかりやすく紹介。